U0361932

迎城隍

王昊 刘珂 著

——户县北乡迎祭民俗活动

清华大学出版社
北京

图书在版编目（CIP）数据

迎城隍：户县北乡迎祭民俗活动 / 王昊，刘珂著. —北京：清华大学出版社，2021.5
ISBN 978-7-302-57261-9

Ⅰ.①迎… Ⅱ.①王… ②刘… Ⅲ.①祭祀－风俗习惯－研究－户县 Ⅳ.①K892.29

中国版本图书馆CIP数据核字（2021）第004848号

责任编辑：纪海虹
装帧设计：甘　玮
责任校对：王荣静
责任印制：杨　艳

出版发行：清华大学出版社
　　　　　网　　　址：http://www.tup.com.cn　　邮　编：100084
　　　　　地　　　址：北京清华大学学研大厦A座　邮　购：010-62786544
　　　　　社 总 机：010-62770175
　　　　　投稿与读者服务：010-62776969，c-service@tup.tsinghua.edu.cn
　　　　　质量反馈：010-62772015，zhiliang@tup.tsinghua.edu.cn
印 装 者：小森印刷（北京）有限公司
经　　销：全国新华书店
开　　本：148mm×210mm　印　张：9.375　插页：1　字　数：162千字
版　　次：2021年7月第1版　印　次：2021年7月第1次印刷
定　　价：78.00元

产品编号：080211-01

序一

乡村振兴，文化为魂，这是我读完王昊博士与刘珂老师的这本《迎城隍》之后最大的感受。这些年我也在家乡做一些力所能及的文化建设的试验，阅读这本书，不断产生共鸣，从心情激动到心潮澎湃……因为我们的所做所想，是那么地投契。

正像王昊博士在书中开篇所说的，城市自诞生以来就是脆弱的。即使它有厚实的城防、殷实的粮仓，也无法保证不被敌人攻破，更不要说还有如鬼如魅的瘟疫、防不胜防的火灾水患，它们都能瞬间让一座城池毁于一旦，成为空城乃至废墟。因此，在科技不发达的古代，中外城市居民无不为城市"配备"守护神。在中国，这位城市守护神就是"城隍"。

这本著作看似一本与城市守护神城隍相关的书，因

---

① 中国农业大学人文与发展学院教授，曾挂职河南省兰考县副县长、县委常委、开封市市长助理等职务。

为作者从全景的角度为城隍神编撰了一篇简历。然而，这本书更以西安市鄠邑区北乡五十余个村子"游祭"三位城隍爷的民俗活动作为典型范例，对在城隍信仰、区域民风民俗与乡村建制三重影响下的乡村城隍信仰、城隍祭祀，进行了具有浓郁地方文化特色的全景式研究。不但如此，更为重要的是作者深入到了迎祭城隍民俗活动这一乡村传统文化盛事的时空场域中去，去记录、发掘和刻画那些生动活泼、千姿百态的乡村社会，向我们展示了乡民在参与迎祭民俗活动时不仅仅传承了乡土文化的厚重历史，更无不自觉地创造着新的乡土文化……只有让乡村文化的根脉扎得更深，其枝叶方能更为繁茂地伸展。从这个意义上，整个迎祭城隍的民俗活动，对于个体道德能力提升、农村基层治理和社会发展乃至地域文化的主体性建构，都发挥着"以文化人""以文自治""以文载道"的巨大作用！这是一部不可多得的乡村文化建设的典范之作。

需强调的是，乡土性是中国优秀传统文化的有机组成部分，研究乡村千百年来传承下来的民俗活动，正是贯通乡村传统与现代多层含义的绝佳视角。由地方文化、经济和政治精英组成的"民乐会"，在对民俗活动的动员和组织中，既展现着乡民们无限的文化创造力，更实现着其文化主体自信的饱满与悦动，其中所重构的乡村共同体，则彰显了道德传承、集体意识和乡村认同，这正是中华文化呈现勃勃生机从而生发文化自信和制度自信的基本的、持久的、深沉的源泉。

此外，我对王昊博士一直坚持做田野研究，坚持一手资料的获取的精神尤为赞赏，感动于她在田野调查中展现出的持之以恒的热情和毅力。她在2018年正月还来过我的家乡河南灵宝农村，调研过这儿的"十二社"庙会活动，她对于乡土、民俗和乡民的热爱让我记忆深刻，现在还能回想起她与乡民打成一片的情景，无论是乡村能人还是普通农户，她都能以一位聆听者的身份，虚心请教、耐心聆听，在田野中时刻保持着一以贯之的谦虚、谨慎、真诚和善良，这也正是她能够掌握大量一手资料的原因。也正因为此，成就了这本书难能可贵的乡村文化研究价值。

值此书即将付梓之际，很荣幸能为之作序。

2019年10月

序二

张志春①

　　刘珂先生和王昊女士捧来合著书稿《迎城隍》，嘱我作序。刘珂出身鄠邑农村，大学毕业后又回到鄠邑文化馆工作几十年。生于斯、长于斯，而且以学者的身份开展田野作业，对民俗文化活动介入、指导、记录、思考、拍照、摄像……自然有着丰厚的积累和独到的感悟，也陆续写过一些获奖并颇受赞誉的论文，给我留下很深的印象。王昊是西安工业大学人文学院副教授、博士，勤奋治学，现又作博士后研究。曾听过她对民间话语功能的思辨，颇有深度且洋洋洒洒。我想，两个不同文化背景、社会阅历和文化素养的作者，如此合作碰撞应该是很有意思的，自会切出剖析社会事项的新层面，自会有别于纯书斋式研究或纯景观写照式的表达。果然，阅读的过程成为我一次愉快的学习过程。初读的印象，这是一本功底

---

① 陕西师范大学文学院教授、陕西省非物质文化遗产专家组成员、陕西省节庆促进会副会长、西安市楹联学会名誉会长。

颇为厚实的著作。

全书总体分为历史沿革和现代功能上、下两编。其特色是文献梳理和田野作业并重。历史沿革叙述始自梳理城隍信仰的产生，从自然神到人格神的演进历程；继而追溯特殊历史环境下祭祀圈的形成，即特殊历史环境下的连堡制促成了三个城隍社；接着呈现城隍祭祀的演变，随着清季民国的由盛而衰，再到当代的由禁抑而复兴；在复兴的当下，呈现出迎祭活动全部流程，即出发、行进、交接、安神等系列仪式；在庄严的仪式烘托下，介绍了纪信、韩诚和张宗孟三位城隍由人而神的史实与传说。而现代功能部分则从内生动力、组织建构、乡村认同、道德塑造和文旅创意等不同向度展开思考。

在民间超自然意象的俗信领域，如何判断与叙述？我觉得并非要在实证意义上追究其真与假，而应侧重于辨析其功能意义上的善与恶。在鄠邑区北乡，因官方、社会精英与民众的合力推举，城隍由历史的地平线升腾而起，由实实在在的历史人物而稳坐尊崇的神位，显示着民间智慧的高远超迈。它带给我们的不仅仅是庄严的氛围与有所敬畏的情怀。在论及民间俗信时我曾经讲过，也一直这样认为：寺庙，作为神圣而神秘的一方净土，它的意义与价值在民众心目中是神圣而恒久的。自远古而今，它以巨大的神话思维将无处不在的偶然性纳入神秘的必然性框架之中，以神圣氛围的笼罩极为有效地推拒着生活的荒谬性与生命的虚无感；它总体上维护着人生价值的意义感和恒久性；它以别有天地的思维模式解读着人生与历史，在很大程度上消解着个体生命在深邃历史与无限宇宙映衬下内心深处的永恒困惑；它的道德标尺永远是惩恶扬善；它作为具有信仰意味的文化空间，成为民众逢年过节祈福的意象造型、丰收之际感恩天地的诉说对象、灾难困苦时宣泄悚惧净化心灵的有效途径。人文始祖庙，我们追溯生命之根有着温馨的依赖；包括城隍庙在内的所有先贤庙，恰也是在神圣与理智的层面强化着善恶向背的情感选择与具像化的古今联结……

倘若放开目光，从新石器诸多的遗存来看，生于斯长于斯、歌于斯哭于斯的先民们的庙宇建筑与超自然信仰至少已有8000年乃至万年的历史。留存在我们生活周围的庄严庙貌，乃是远古先民和历代先贤们的人生体验与智慧创造的结晶。如同人生之惑横亘在远古先民以及历代先祖面前一样，自然也横亘在我们以及后代的子孙面前，生命可以感知的无限性与自身存在的有限性，个体生命所能感知的生老病死，生命遭际的爱别离、求不得等，都不是逻辑分明的实用理性工具所能梳理清楚的。生命感性存在的强大与感触、困惑与祈愿，使得庙宇的存在仍有着重要的现实意义。在文化意义上，我们尊重历史，就是要尊重几千年乃至万年的祖先的智慧、尊重他们的文化创造、尊重这种仪式创造和人生关怀的有效途径。这是一方具有信仰的文化高地。从这个意义上讲，该著作将现代功能的辨析作为重点、是有远见的，体现为以乡村文化建设的意念和现实对谈。这便与常见的为历史而历史，为知识而知识的著作岔开了距离。

2019年3月19日于西安

序三

李利安①

城隍信仰，作为一种民间信仰性文化现象，尽管在很多地方也被纳入正规道教的系统之内，但总体上看，其民间信仰的特性是非常强烈的。这种信仰与其他几乎难以计数的民间信仰一样，尽管缺乏成熟的经典依据和深刻的理论支撑，也缺乏终极超越的诉求和强有力的组织纽带，但因其源远流长的传承、亲和善美的个性而依然顽强地延续下来，并在发展过程中不断调整、不断丰富，同时因地方化发展而出现因地而别的信仰形态，呈现出五彩缤纷的文化景象。因为城隍被定义为地方保护神，所以这种信仰总是和一定地域捆绑在一起，并因为这种捆绑而有了生存的坚实根基，同时在与地域文化的对接中不断塑造自己的地域个性，丰富地域文化的内涵，影响地域文化的走向。

就鄠邑区"迎城隍"这种现象，一眼就可以看出的文化

---

① 西北大学历史学院教授、西北大学佛教研究所所长、西北大学玄奘研究院院长。

特征便是散发着浓郁乡土气息的神圣性因为民众情感的强劲介入而呈现出诸多人间性格，一种具有超人间力量的神灵在乡土文化的浸润下变得如此亲切，为这种神圣意义的宗教文化赋予了丰富的世俗生活内涵。在这一文化现象中，信仰与生活之间、神灵与人事之间、功利与教化之间，都变得难分难解。以至于当学者们进行理性观察的时候，都难以判断其到底是一种宗教活动，还是文化活动，抑或是社会活动，因为随处洋溢着的是社群的交往、乡亲的合作、传统的继承、生活的乐趣。在这里，民间组织因而得以建立和维系，底层生活因而充满希望与趣味，庶民文化因而得以丰富与提升，自给自足的自然经济背景下相对封闭的社会因而呈现出灵动欢快的景象，沉闷的乡村生活因而出现了身心的狂欢，跨越儒家血缘纽带的人际关系因而获得重新组合，伦理教化也由此在人们内心深处营造了一份敬畏。

作为地理单元的一方乡土因为某种文化的嵌入而养成一种独具特色的乡土气息，这种与特定地理连接在一起的文化又与这个地域上的人群连接在一起而形成一方特定的民风。农业社会、地方社会秩序的养成和维护与这种乡土文化密切相关。而当这种文化与某种神圣的信仰结合在一起的时候，其地域的情感性急剧增强，其纽带性也随之成为地方社会控制的重要因素。鄠邑区迎城隍活动将文化嵌入特定的地域，用以凝聚特定的人群，借群体性活动促成一方民风的塑造，既给民众生活赋予情趣，也给这块土地增添生机。

总之，鄠邑区的"迎城隍"活动是一种极具地域个性的城隍文化现象，值得学术界认真研究。可惜的是，学术界尽管已经有了一些关于城隍文化的研究成果，但与地域直接接轨的个性化城隍信仰研究始终处于零散落后的状态，至于鄠邑区的这种城隍信仰，学界一直没有完整而翔实的调研与分析。所以，本书能聚焦这一别具特色的民间文化现象，从选题来看，具有可贵的创新性，值得给予充分肯定。

2019年6月30日

序四

　　文以载道、以文化人。优秀的文学作品，往往根植于优秀的传统文化土壤，汲取于向上的人文精神养分，反映民族风貌、展现时代思潮。王昊博士和刘珂老师的这本《迎城隍》，聚焦鄠邑区乡村传统民俗文化，深入探索了乡村庙会文化的历史渊源、内生动力、组织建构、价值道德等，完整展现了关中乡村文化的原生态。

　　鄠邑区是千年古都长安京畿之地，人文底蕴积淀深厚，留下了大量的历史文化遗产。改革开放，特别是乡村振兴战略实施以来，鄠邑区的乡村面貌发生了翻天覆地的变化，展现出了一幅"美丽乡村"的壮阔画卷：村容村貌干净整洁，基础设施配套完善，乡民生活日渐富裕，村规民约健全完善，再加上丰富多彩的乡村文化，让鄠邑区成为了远近闻名的中国现代民间绘画之乡、中

华诗词之乡、中国鼓舞之乡、中国围棋之乡、全国文明城区、国家卫生城区。

文化是社会运行最持久、深厚的根源性力量。实施乡村振兴战略，文化尤为重要，可以为地方发展提供充分的精神动力、智力支持和道德滋养。因此，我们要保护、传承和发展好乡村文化，培育文化自尊、文化自信和文化创造力，壮大乡村文化的内生性、组织性力量。王昊博士的《迎城隍》对鄠邑区地方文化的传承与创新有着十分积极的作用，在实现基层民主自治、乡村公共事务治理、乡村文化再生产等方面提供了宝贵经验，为创新乡村文化建设的管理和运行机制提供了可借鉴的理论和方法。

迎城隍，是民间重要的活动之一，带有明显的民间宗教色彩。我们要科学对待民间文化活动，取其精华，去其糟粕，用社会主义核心价值观引导建立乡规民约，走乡村善治之路。

2019年11月

目录

上编　历史沿革

第一章　城隍信仰

第一节　城隍信仰的产生：自然神到人格神

　　城，既是区域政治、经济、文化的中心，又是兵家必争之地，因其为战略要地而备受兵戎之苦。人口稠密的城市一旦资源匮乏，居民必受饥荒与疫病的威胁，为此，城市管理者与居民们会为城市修筑坚固的城防、

西安城墙

储存粮食的粮仓，更希望借助神灵的威力来祈求世道安顺、护城佑民。

民众对神灵的信仰的最突出目的是消灾禳祸、祈福纳祥。冥冥之中处处有神灵，这些神灵秉有超凡的法力，瞬间转危为安，击垮远犯来敌，具有逢凶化吉、斩妖伏魔、救民于水火的神异功能。其中，专职保护的神灵称为保护神。在古代中国，城市的保护神称为"城隍神"，与保护乡村的"土地神"，保护家庭的"灶神"一同构建了中国古代的"保护神体系"。

西安城隍庙

"城隍"二字，始见于《易经》泰卦的上六爻辞：
"城复于隍、勿用师、自邑告命、贞吝"。[①]《说文》
曰："城、以盛民也。"[②]"隍、城池也。有水曰池，无水曰
隍。"[③]其中、"城"指城墙、"隍"指城壕、即护城河；
有水的城壕称为"池"、无水的城壕则称为"隍"。"城
隍"一词连用则首见于班固《两都赋·序》："京师修
宫室、浚城隍。"[④]此处的城隍泛指城池。据史料记
载、最早对城隍的奉祀见于南北朝时期、《北齐书·
慕容俨传》中说："城中先有神祠一所、俗号城隍神、
公私每有祈祷、于是顺士卒之心、乃相率祈请、冀获冥
佑。须臾、冲风歘起、惊涛涌激、漂断获洪。"[⑤]原始崇
拜认为、凡与人日常生活有关的事物皆有神在、而且
"夫圣王之制祭祀也、法施于民则祀之、以死勤事则祀
之、以劳定国则祀之、能御大灾则祀之、能捍大患则
祀之"[⑥]。城墙、城壕在防卫敌人、猛兽攻击、保护一

① 李镜池·周易通义 [M]. 北京：中华书局，1981：27.
② 许慎·说文解字 [M]. 北京：中华书局，1963：288.
③ 许慎·说文解字 [M]. 北京：中华书局，1963：306.
④ 严可均辑校·全上古三代秦汉三国六朝文（第1册）[M]. 北京：中华书局，
1958：602.
⑤ 李百药·北齐书·卷20·慕容俨传 [M]. 北京：中华书局，1972：281.
⑥ 杨天宇·礼记注释 [M]. 上海：上海古籍出版社，2004：604.

城百姓安全上，功莫大焉，为其赋予神性顺理成章。

　　追溯城隍最早的原型是周代《礼记》中所记载的天子八蜡中的水墉神。"天子大蜡八。伊耆氏始为蜡。蜡也者，索也，岁十二月，合聚万物而索飨之也"[1]。所谓"大蜡八"，是指所祭祀的八位神，他们分别是：司啬、百种神、农神、邮表、禽兽神、坊、水墉、昆虫。其中水墉居其七。"水墉"是农田中的沟渠，"水墉"神也就是"沟渠"神。可见早期的城隍神，神格上属于自然神，是抽象神。郑士有和王贤森两位先生认为，水墉神原来是原始村落的保护神，随着生产力的发展、人口的增加及城镇的出现，促使人们在城镇四周建起环沟和简易的防御建筑，之后这些建筑逐渐被高大的城墙所代替，沟渠也逐渐变为现在我们所看到的护城河，村落保护神——水墉神也升格为城市保护神——城隍神。[2]也有一些学者认为城隍的原型是祝融。丁山《中国古代宗教与神话考》认为祝融是最早的城隍神主。[3]颜亚玉在《城隍祭起源与城隍原型探析》一文就两种说法——尧祭腊八和始于祝融，作了对比和分析。[4]

① 杨天宇. 礼记注释 [M]. 上海：上海古籍出版社，2004：316.

② 郑士有，王贤森. 中国城隍信仰 [M]. 上海：上海三联书店，1994：27.

③ 丁山. 中国古代宗教与神话考 [M]. 上海：上海文艺出版社，1988：56.

④ 颜亚玉. 城隍祭起源于城隍原型探析 [J]. 吉林大学社会科学学报，1999：2.27.

祝融像

秦代由于历史较短，有关城隍信仰的材料比较缺乏。而东汉的城隍如上文，指的仍然是城墙和护城河。东汉末年至魏晋南北朝时期，长期的战乱纷争促使宗教信仰发展迅速，城隍信仰的信徒逐渐增多，有关城隍信仰的记载开始出现于各种正史、野史之中。据史籍记载，这个时期在吴国地区出现了有关中国最早的城隍祠，可见三国时期，城隍信仰已经在东吴地区流行开来，并且伴随着佛教的传入和传播，城隍信仰受佛教的影响很大。也正是在这个阶段，城隍神从自然神转变为掌管冥界的官吏，开始人格化。《搜神记》记载了南京城隍蒋子文的故事：

蒋子文者，广陵人也。嗜酒好色，挑达无度，常自谓其骨清，死当为神。……　于是使使者封子文为中都侯，次弟子绪为长水校尉，皆加印绶，为立庙堂。改钟山为蒋山，今建康东北蒋山是也。自是灾厉止息，百姓遂大事之。

城隍神已经开始出现有名有姓的倾向，但解读下来，我们发现这则记载中，百姓对于城隍神并没有主动的道德认同，更多是基于忧惧恐怖心理的祭祀，但在城隍神的演变过程中逐渐形成了"在世为正人，死后为城隍"的神灵观念。典型的如清代蒲松龄《聊斋志异》开篇之作《考城隍》①，此篇开宗明义，讲述了作者的姊丈之祖宋焘在病中梦见被差役唤去参加关公等神祇主持的考试。考试的题目为"一人二人，有心无心"。宋焘的答卷中"有心为善，虽善不赏；无心为恶，虽恶不罚"一语得到考官的一致赞扬，于是被录用为河南某地的城隍。此时宋焘顿悟此乃阴间之试，以老母无人赡养为由，请求放自己还阳，并允诺母逝即来上任。宋焘可谓古代知识分子典范人格的代表，侍母尽孝，为臣尽忠，这一"全忠全孝"的君子是千百年来知识

---

① （清）蒲松龄编．聊斋志异 [M]．济南：齐鲁书社，1981：1．

分子追求理想人格，与他答卷之语交相辉映。

城隍神逐渐实现人格化，成为爱民报国道德楷模、逝后所封之神，这使得各地城隍神原型不尽相同，但大抵遵循当地忠君爱民榜样的原则，显示出神格与人格的互构性，成为有名有姓的人格神，体现了百姓对于正直人物的拥护爱戴，希望他在死后能够上升为神，继续守护这方土地，这为城隍神深入百姓心中打下了坚实的思想基础。

第二节 城隍神的社会功能：从保护神到全能神

为顺应社会发展的需求，城隍神的社会职能也逐渐扩大。由最初的护城神，延伸具有了驱灾除患、扬善惩恶、督官儆民等职能，城隍已成为护佑生命与财产的全能神。与此同时，城隍神还经历了从民间祭祀俗神到国家祭祀的升格。

在唐前，有关城隍的资料不多。唐代时，大部分情况下城隍神依然只是抽象的神，没有具体的姓名，但全国各地已经普遍建起城隍庙，形成了用牲畜祭祀城隍的风俗，而且祭祀仪式常有官员参与或主持。《太平广记·宣州司户》就记载"吴地畏鬼，每州县必有城神"[1]，很多朝廷命官到地方上任时，首先要到城隍庙祭拜一番。唐张说在开元五年四月初二祭拜城隍祷文中希望"庶降福四氓、式登百谷，猛兽不博，毒虫不噬"[2]。唐代名相张九龄出任洪州刺史时遇连阴雨成灾，于是他祭城隍，祈祷停雨放晴，解除涝灾。

---

[1] 李昉、扈蒙、徐铉等．太平广记·卷三百三"宣州司户"条引《纪闻》[M]．北京：中华书局，1961．

[2] 张说．祭城隍文 [Z]．见：王水照．传世藏书集库总集7-12 全唐文1-6[M]．海口：海南国际新闻出版中心，1996：1659．

维开元十五年岁次丁卯六月朔壬寅十日辛亥，中散大夫、使持节、都督洪州诸军事、洪州刺史、上柱国、曲江县开国男张某，谨以清酌脯醢之尊，祭於城隍神之灵：恭惟明神，懿皆潜德。城池是保，民庶是依。精灵以秉，正直攸好。忝牧此都，敢忘在公，道虽隔于幽明，事或同于表里。今水潦所降，亦惟其时，而淫雨不止，恐害嘉谷。谷者人之所以为命，人者神之所以有祀，祀不可以为利，义不可以不福。阖境山川，能致云雨，岂无节制？愿达精诚。以时弭灾，无或失稔，则理人有助，是所望于神明。所飨。①

与张九龄辈相反，唐代著名大诗人杜牧在黄州因大旱曾作祭城隍祈雨文：

下土之人，天实有之，五谷丰实，寒暑合节，天实生之也。苗房甲而水湮之，苗秀好而旱莠之，饥即必死，天实杀之也。天实有人，生之孰敢言天之仁，杀之孰敢言天之不仁。刺史，吏也，三岁一交。如彼管库，敢有其宝玉？如彼传舍，敢治其居室？东海孝妇，吏冤杀之，天实冤之，杀吏可也。东海之人，於妇何辜，而三年旱之？

①（唐）张九龄. 祭洪州城隍神文 [Z]. 见：（清）董诰. 全唐文（第 2 册）[M]. 上海：上海古籍出版社，1990：1314.

刺史性愚，治或不至，厉其身可也，绝其命可也。吉福殃恶，止当其身。胡为降旱，毒彼百姓？谨书诚恳，本之于天，神能格天，为我申闻。[1]

后又作第二篇：

牧为刺史，凡十六月，未尝为吏，不知吏道。黄境邻蔡，治出武夫，仅五十年，令行一切，后有文吏，未尽削除。伏腊节序，牲醪杂须，吏仅百辈，公取于民，里胥因缘，侵窃十倍，简料民费，半于公租，刺史知之，悉皆除去。乡正村长，强为之名，豪者尸之，得纵强取，三万户中，多五百人，刺史知之，亦悉除去。茧丝之租，两耗其二铢；税谷之赋，斗耗其一升，刺史知之，亦悉除去。吏顽者笞而出之，吏良者勉而进之，民物吏钱，交手于市。小大之狱，面尽其词，弃于市者，必守定令。人户非多，风俗不杂，刺史年少，事得躬亲，苴抉其根矣，苗去其莠矣，不侵不蠹，生活自如。公庭昼日，不闻人声，刺史虽愚，亦曰无过，纵使有过，力短不及，恕亦可也，杀亦可也。稚老孤穷，指苗燃鼎，将穗秀矣，忍令萎死，以绝民命？古先圣哲，一皆称天，举动行止，如天在旁。以为天道，仁即福之，恶即杀之，孤穷即怜之，无过即遂之。今

① (唐) 杜牧. 樊川文集·祭城隍神祈雨 [M]. 上海：上海古籍出版社，1978:202.

旱已久，恐无秋成。谨具刺史之所为，下人之将绝，再告
於神，神其如何？①

怀州李使军在出兵作战时也祭告城隍，祈求旗开得
胜。"惟神广扇威灵，划开声势；彼犯境者，望飞鸟而自
遁，此滔天者，闻鹤唳以虚声。"②从历史文献记载来看，
在唐代祭城隍祝祷的内容已涉及克敌制胜、祈雨禳旱灾、
驱猛兽毒虫、镇邪魔鬼怪等。

五代十国时期，尽管朝代更替频繁、战乱不断，但
是城隍神的地位不降反升，各国统治者纷纷开始给城隍庙
赐庙额，给城隍封爵号。《册府元龟》载，杭州城隍就被
封为"顺义保宁王"，蒙州城隍神封为"威灵王"等。③从此
开始，城隍神备受历代帝王的重视。正是根源于民众对高
尚人格的追慕仰思及城隍神职功能的日渐完备，这些对国
家政治统治秩序、社会人伦道德体系具有持续有效的维护
功能，从而使城隍神由民间祭祀上升到国家祭祀。

① （唐）杜牧 . 樊川文集 · 祭城隍神祈雨第二文 [M]. 上海：上海古籍出版社，
1978：202-203.
② （唐）李商隐 . 为怀州李使君祭城隍神文 [Z]. 见：张岱年等主编、王水照
卷 . 传世藏书 7-12 集库 总集 (7-12) 全唐文 [M]. 海口：海南国际新闻出版中心，
1996：5617.
③ 郑土有，王贤淼 . 中国城隍信仰 [M]. 上海：上海三联书店，1994：100.

第三节 城隍神的祭祀：从民间俗奉到国家祀典

由于材料所限，我们对秦汉以前的城隍信仰情况知之甚少。从现有材料来看，周代以前，城隍信仰处于萌芽阶段，只是出现了人类祭祀城隍的雏形。前文提到的周天子祭祀"水庸"神（也就是沟渠神），就是最早出现的有关城隍祭祀的记载。据《左传·襄公九年》载：

春，宋灾。乐喜为司城以为政。使伯氏司里，火所未至，彻小屋，涂大屋；陈畚挶，具绠缶，备水器；量轻重，蓄水潦，积土涂；巡丈城，缮守备，表火道。使华臣具正徒，令隧正纳郊保，奔火所。使华阅讨右官，官庀其司。向戌讨左，亦如之。使乐遄庀刑器，如之。使皇郧命校正出马，工正出车，备甲兵，庀武守。使西锄吾庀府守。令司宫、巷伯儆宫。二师令四乡正敬享，祝宗用马于四墉，祀盘庚于西门之外。①

---

① （春秋）左丘明著．蒋冀聘点校．左传 [M]．长沙：岳麓书社，2006：165．

《左传·昭公十八年》又曰：

> 郊人助祝史除于国北，禳火于玄冥、回禄，祈于四鄘。书焚室而宽其征，与之材。三日哭，国不市。使行人告于诸侯。宋、卫皆如是。陈不救火，许不吊灾，君子是以知陈、许之先亡也。①

在这里，"鄘"与"庸"意义相通，指的就是沟渠。由此可知，早在春秋时期，宋国和郑国在发生火灾以后，人们就有到"庸"去祷告的习俗，祈求城隍神消灾解难。

进入唐代以后，老百姓生活比较安定，社会比较繁荣，祭祀城隍的习俗在全国逐渐兴起。清代赵翼的《陔余丛考》卷35曰："城隍之祀盖始于六朝也，至唐则渐遍。"②《太平广记》卷三百三"宣州司户"条引唐代牛肃的《纪闻》曰："吴俗畏鬼，每州县必有城隍神。"③州县祭祀各自城隍，地方官定期或是在地方遭遇旱涝天灾时，代表民众祭祀城隍。由于城隍信仰的信徒不断增多，道教迅速把

---

① （春秋）左丘明著，蒋冀聘点校. 左传 [M]. 长沙：岳麓书社，2006：282.
② （清）赵翼著，栾保群，吕宗力校点. 陔余丛考 [M]. 石家庄：河北人民出版社，1900：635.
③ （宋）李昉等编. 太平广记 [M]. 北京：中华书局，1961：2400.

这个具有影响力的神收进神谱、并给予了崇高的地位。

宋代开始，城隍神的地位进一步提高，成为必须遵照国家仪礼进行祭祀的神灵之一，并正式列入国家祀典，影响甚广。宋太祖赵匡胤非常重视城隍祭祀。《宋史·礼志》曰："建隆元年六月，太祖平泽潞，仍祭……城隍。征扬州河东，并用此礼。"又曰："自开宝、皇祐以来，……州县城隍、祈祷感应、封赐之多，不能尽录。"[①]宋孝宗时封建宁城隍为惠宁侯，赵与时《宾退录》中言说城隍祭祀之盛"今其祀几遍天下，朝家或赐庙额，或颁封爵，未名者或袭邻郡之称、或承流俗所传，郡异而县不同"[②]。《春明梦余录》也记载说："赵宋以来，城隍之祀遍天下，或赐庙额，或颁封爵，或迁就附会，各指一人为神之姓名。"[③]宋、元城隍祭祀日渐繁多，有了"宋以来其祠遍天下"之说，宋代民间对城隍神的崇拜比唐代以前更为普遍。宋朝政府已明确规定，新官到任的三日内必须拜谒城隍庙、这是借用神明的威力来辖制官吏。

元朝时封燕京都城的城隍为护国王，元文宗天历

---

① （元）脱脱、阿鲁图等．《宋史·礼志》卷一百二 [M]．北京：中华书局，1977：2562．

② （宋）赵与时．宾退录 [M]．上海：上海古籍出版社，1983：103．

③ （明末清初）孙承泽．春明梦余录 [M]．北京：北京古籍出版社，1992：317．

二年（1329年）封上都城隍为护国保宁王。特别值得一提的是元代文宗天历年间（1328年），朝廷让城隍神配享夫人，创造了"城隍夫人"这一神灵，并且封赐名号。城隍夫人的出现，标志着城隍神家族系统基本完善，从此城隍庙里就有了寝殿，专门侍奉城隍神夫妇。元代南北二京的城隍神更是被追封为"帝"级称号，各地设置了"省城隍"与之呼应，并在大都（今北京）设置了"都城隍"，地位很高，成为了国家的守护神。

到了明代，城隍信仰可谓扶摇直上，朱元璋对城隍神推崇有加，据传他曾栖身于城隍庙而幸免大难。朱元璋称帝之后于1369年（洪武二年），下旨封京都城隍为"承天鉴国司民升福明灵王"，职位正一品，与朝廷的太师、太傅、太保"三公"和左右丞相平级；同时封各府城隍为"监察司民城隍威灵公"，职位正二品；封州城隍为"监察司民城隍显佑侯"，职位正三品；封县城隍为"监察司民城隍显佑伯"，职位正四品。

朱元璋这次大规模赐封城隍神，被日本学者滨岛敦俊称为洪武二年新制，是中国历史上城隍制度的开端。由下表可知：

（1）这次封城隍只是封了各地城隍的爵位名号，没有提各地城隍的本名，可见城隍神所具有的人格神的性质得以延续，但这次赐封除京都、五府之外，天下府城隍同得

洪武二年城隍神封号简表

地区	前级	封号	品级	资料出处
京都	鉴国司民	昇福明灵王	正一品	《明实录》
开封府		显灵王	正一品	
临濠府		贞佑王	正一品	
太平府		英烈王	正一品	
和州		灵护王	正一品	
滁州		灵佑王	正一品	
府	鉴察司民	威灵公	正二品	
州		灵佑侯	正三品	
县		显佑伯	正四品	

一封号、州城隍同得一封号、县城隍同得一封号，除其所在地方名称之外，没有任何针对个人的区别。

（2）这次赐封将城隍神分为五个等级，即第一等级首都应天府；第二等级开封府、临濠府、太平府、和州、滁州；第三等级府；第四等级州；第五等级县。每个等级的城隍神分别赐封"王、公、侯、伯"的爵位，这与当时的朝廷官吏等级是一一对应的，这在中国历史上可算首次。南宋以来朝廷封赐祠神的方式是以字数的多寡来区别等级高低，由上表可知最高等级的城隍神的封爵字数为十个字，其余五位封王的城隍神的爵号则为八个字，显示出尊古的继承。

（3）上表中封给各级城隍具有褒义护佑内涵的词，其来源也不尽相同。对南京应天府城隍庙带有吉祥意义的"昇福"一词来自于宋代所封的"昇福侯"；临濠府城隍封的"贞佑"则意为"贞则无贰""佑则垂详"；太平府城隍"英烈"的意思为："英则发越精华，烈则明威煊赫"；和州城隍"灵护"是为"灵则威加于显著，护则福及于保绥"；滁州城隍"灵佑"意为"灵则威之显著，佑则福之保绥"。①

（4）从这次朝廷对全国城隍神的加封中可以看出，朱元璋对神灵的等级划分具有浓厚的等级主义，又渗透了对亲缘、地缘的考量。不过从上表统计的城隍等级划分中我们可以直观地看出，第二等级中的开封府、临濠府、太平府、和州、滁州城隍全都封为王，这样的赐封行为破坏了封建等级序列的纯粹性。在这三个府和两个州中，开封是北宋的首都，也是明王朝的陪都，所以开封府的城隍赐封为王理所应当。但其余二府、二州按封建行政等级序列来说应该封为公、侯，这里却为何也被封为王？其实这折射出了朱元璋与这四个地区的亲疏关系来。《明实录》载："临濠府城隍，制曰：'眷此乡邦之地，实同丰沛之都，朕肇自戎行，至成大业，皆神默助，

① （明）胡广等. 明太祖实录 [M]. 台北：中央研究院历史语言研究所，1962：756-757.

① （明）胡广等. 明太祖实录 [M]. 台北：中央研究院历史语言研究所，1962：756-757.

岂敢忘初！'……太平府城隍曰：'睠此名城，雄奠江表，朕初飞渡，首驻其间，再四祷祈，神告不贰。'和州城隍曰：'睠此名城，雄奠江右。王师戾止，屡获成功；非神相之，何以臻此！'滁州城隍曰：'睠此名城，雄奠东淮。王师首驻，战胜居安，成此峻功，实神相之。'"[1]这里临濠府是朱元璋的故乡，所以对其城隍封王体现了太祖感念家乡的情怀；太平府是朱元璋率部渡江后的最初根据地，为其以后的战争作了铺垫和支持；和州是朱元璋率部渡江前的根据地；滁州是朱元璋最早攻占的城市，这些城市的城隍神曾保佑朱元璋在战争中获得成功，立下了汗马功劳。对他们封王可能是太祖对这些城隍神灵护佑他赢得最后的战争，荣登皇帝宝座的感激和报答，也为他新生政权的成立及巩固披上了神秘的外衣。

（5）从上表分析，第一等级京都城隍的官阶为正一品，第二等级开封府、临濠府、太平府、滁州、和州的城隍神官阶也为正一品，第三等级府城隍的官阶为正二品，第四等级州城隍的官阶为正三品，第五等级县城隍的官阶为正四品。从这种类似人间官吏的品级划分我们可以得知，六部尚书为正二品，他的官阶与府城隍相对等，地方

---

① （明）胡广等. 明太祖实录 [M]. 台北：中央研究院历史语言研究所，1962：756-757.

知府为正三品，与州城隍的官阶相等。由此观之，城隍在明清以后，成为神的官职，而不仅仅为一尊神明，而且它的官职比之对应的人间官吏更为显要。

（6）太祖给各级城隍神的封号前面都要加上"鉴国司民""鉴察司民"四个字，以此强化城隍神监视纠察官民的使命和职责。朱元璋出身寒微，且亲身经历了推翻元朝的农民战争，对于基层社会中百姓的巨大力量深有体会，想借助城隍神加强对百姓的思想控制以利于基层社会的稳定，维系明王朝的统治。太祖朱元璋可谓既管人、又管神，兼用鬼神来帮助他统治人民，阴间和阳间，各有官吏、各受其职。

据《明会典》记载朱元璋曾直言不讳地说出提拔城隍、为城隍封爵加曹的用意："朕立城隍神，使人知畏，人有所畏则不敢妄为。"①《续文献通考·群祀考》也引用过朱元璋如下之言："朕设京师城隍，俾统各府州县之神，以监察民之善恶而祸福之，俾幽明举不得幸免。"② 由此可见他推崇城隍不仅为慑民，更推其为地方行政官吏的监督神。

洪武三年（1370年）六月朱元璋又颁布了新的诏书，

① 余继登．典故纪闻 [M]．北京：中华书局, 1981：47．
②（明）王圻．续文献通考（卷七十九）[M]．北京：现代出版社，1886．

改变了岳镇、海渎及城隍诸神的封号。《太祖实录》癸亥载：

夫岳镇海渎皆高山广水，自天地开辟以至于今，英灵之气萃而为神。必皆受命于上帝，幽微莫测，岂国家封号之所可加？渎神不经，莫此为甚。至如忠臣烈士虽可加以封号，亦惟当时为宜。夫礼所以明神人、正名分，不可僭差。

今宜依古定制，凡岳镇海渎并去其前代所封名号，止以山水本名称其神。郡县城隍神号一体改正。历代忠臣烈士亦依当时初封以为实号，后世溢美之称皆宜革去。惟孔子善明先王之要道，为天下师，以济后世。非（如一般忠臣烈士）有功于一方一时者可比，所有爵宜仍其旧。庶几神人之际，名正言顺，于礼为当，用称朕以礼事神之意。

五岳称东岳泰山之神……；五镇称东镇沂山之神……四海称东海之神……；四渎称东渎大淮之神……。各处府州县城隍称某府、某州、某县城隍之神。历代忠臣烈士并依当时初封名爵称之。

天下神祠无功于民不应祀典者即淫祠也。有司无得致祭。于戏，则明有礼乐，幽则有鬼神。其礼即同，其分正当。故兹诏示，咸使闻之。[1]

---

① （明）胡广等.明太祖实录[M].台北：中央研究院历史语言研究所，1962：1033-1035.

陕西三原县城隍庙

这次改制使得洪武二年（1369年）明王朝国家封建统治序列中所插入的开封、临濠、太平、和州、滁州这一等级被取消。城隍庙只存在京都—府—州—县四等级，这样各级城隍与当时的各级人间官员实现了完全的——对等，为日后各级人间官吏将城隍看作与自己相对应的阴间官阶提供了有力的制度依据。此外，这次改制中，对城隍庙的修建也作出详细的规定：各级城隍庙的等级、形制、规模等完全仿照各级地方官府建造，城隍庙内什器的配置也与同级官署配置相同，城隍塑像则以木主牌位取代，并规定：凡五月十一日神诞及重要节庆日，均须派遣礼官举行祭祀仪礼，国家和各地有灾祸，应及时祈祷于城隍庙，"在王国者王亲自祭之，在各府、州、县者守令主之"。

正祀之中，并赐予封号，使城隍神在众神灵中格外显耀，配合了明代加强中央集权的需要，也促使城隍信仰由随意、特殊发展成为正规、普遍，朝廷将其意志渗透到地方基层的目的基本达成。

明中叶后城隍信仰向传统逐渐回归，基层社会在朱明王朝统治下，既做出适应王朝要求的调整和遵从，又实行了系列反映民间基层社会的改变行为，以此回应对中央政权及其压力环境，这促使中央王朝作出一定的让步，最后形成政府意志与民间诉求相互妥协折中、共同发展的局面。随后，全国各地的城隍庙如雨后春笋般修建了起来，最终形成了中国特有的城隍文化现象。

据统计，明代全国有城隍庙1472所，相当于每个城市至少有一座城隍庙。京城的城隍庙由皇帝亲自敕建、皇宫拨付银两，庙内住持由朝廷直接任命，各府、州、县、镇则按照等级依次效仿，规模等级完全参照地方官署衙门，按级别配制冕毓官服，使得地方形成阴阳两套衙门。

清朝，吸取了元朝失去政权的深刻教训，采取"因其教，不易其俗"的政策，在城隍神灵信仰方面基本上沿袭和继承了明代的城隍神制度，只在某些细小方面作出了修改。这主要表现在清朝统治者对城隍神的封号和城隍庙的赐额方面。根据文献资料《清实录》

陕西三原县城隍庙

《钦定大清会典事例》的粗略统计，清赐封城隍神封号的数量大概有120个、匾额数量178个，其中顺治时以"灵应""显应""绥福"等号敕封地方城隍庙匾额11次；同治时以"灵佑"等封号敕封地方城隍神封号共35个，城隍庙额28个；光绪时则敕封地方城隍神封号73个，城隍庙额149个之多，实际赐封远比此统计的还多。而与诸如唐、宋、元、明等给城隍封爵赐号的王朝相比，清代封赐率位居前列，可见城隍祭祀在清代的影响甚大。清代祭祀城隍神仪制与明代大致相同。不同的是，清代除了在都城北京有都城隍庙，沈阳城隍庙也被尊为庇护国运的都城隍。从清代开始，城隍信仰有了两个新的特点：首先，城隍庙内的陈设开始统一起来。城隍庙里的塑像与配神一般是：正殿之中祀奉城隍大神，两旁分列八大将、判官、牛头、马面、黑白无常、钟鼓神以及十殿阎王、十八司等地狱塑像。府城隍庙里则有更多的配神。城隍庙里挂有"纲纪严明""浩然正气""护国庇民""我处无私""节义文章""发扬正气"等匾额，还有"作事奸邪任尔焚香无益，居心正直见吾不拜何妨""善恶到头终有报，是非结底自分明""善行到此心无愧，恶过吾门胆自寒"等楹联。这些匾额、楹联都是歌颂城隍爷的功和德、劝人行善不作恶，体现着深深的佛、道影响。其次，城隍神更加频繁地出现在各种志怪小说之中，并且增加了城隍神与老百姓的互动性。蒲松龄《聊斋志异》、纪昀《阅微草堂笔记》、袁枚《子不语》记载了大量城隍神人格化的故事。城隍神不再高高在上，而是逐渐地"平易近人"了。城隍的"人格化"使得城隍信仰更加深入民心。

不仅如此，明、清还使城隍信仰成为地方社会重要的社会内容。尽管国家试图用制度的方式将城隍信仰固定下来，但我们还是看到民间百姓却有意无意地按照自己意愿

西安城隍庙城隍及配神

改造城隍信仰，使之出现了逾礼越制的表现，如对城隍塑像材质的改变，从木上升为土，有的地方还出现了铜像，城隍神主的面容从狰狞丑陋到庄重慈善。这些改变显示出城隍神成为国家和民间的二元神，这也促使城隍庙的规制进一步完善——戏台搭建、庙会声势浩大等。此外，随着海外移民及汉文化的传播，城隍信仰也在清代传播到海外。比如，新加坡就有数座规模宏大的城隍庙，坐落在柏城街的都城隍庙地位最高。

城隍信仰正是通过这种"自上而下"与"自下而上"之间演变方式的互动，由民众信仰最终发展到了国家制度层

西安城隍庙城隍及配神

面："祀，国之重事也，国家钦奉若达天知微、诸不在日
星云雷、圣贤忠孝、天地神祇、人鬼之正，皆屏弗祭。惟
城隍一祠，上自京国，下逮州邑，罔不列之祀典，厘然备
举，且铲正前代名号，一以城隍命秩，何深远也？"①

　　随着城隍神在百姓之间威望的不断提升，正统宗教
亦将之吸纳入信仰谱系中来。早在唐代，道教就将城隍神

①（清）李化龙.重修城隍庙碑记 [Z].见:（清）佟国弘修.（清）王凤翔纂.《榆
社县志》卷九 [M].北京：全国图书馆文献缩微中心，2005：47-51.

陕西三原县城隍庙戏楼

纳入自己的神灵体系。杜光庭编纂的《道门科范大全集》中，就有在斋醮请神仪式中开列城隍法位的记载。明代出现了专为城隍祭祀使用的经文——《城隍经》（《续道藏·太上老君说城隍威应消灾集福妙经》）归纳城隍神的职能为"代天理物、剪恶除凶、护国保邦、功施社稷、溥降甘泽、普救生民"[1]。其具体职能是掌管天下的生死案、长

---

① 道藏（第 34 册）[M]. 文物出版社，天津古籍出版社，上海书店，1988：748.

生注命案、病症疫疾案、福禄延寿案、注生子孙案、立应见报案、斋戒杀生案、勾押推勘案、风雨龙王案、追取遣送案、恶鬼穷魂案、善恶报应案、磨看陈词案、胎卵显化案、六房曹吏案的作用。之后，城隍神逐渐成为道教尊奉的一位冥界主要神灵，道教的许多法事都会请城隍神到场。

第四节 城隍神的故事：忠勇与显灵

城隍信仰的弥厚，使得民间产生了大量关于城隍的故事，其大致分为两类：一类为城隍神生前忠勇报国的壮烈事迹；一类为城隍神威灵显现，震杀妖敌的显灵故事。

前一类如第一位有名有姓的城隍——芜湖城隍徐盛。相传三国时期吴赤乌二年（239年），东吴在合肥之战失利后，退据芜湖。凭借长江与青弋江天险，芜湖成为东吴抗拒曹魏最重要的一个军事要塞。曹操因而发兵10万攻打芜湖，打算一举歼灭东吴。在潮水般的曹军攻击之下，芜湖城墙被曹军的石炮炸开一角，老将黄盖被射伤，周瑜苦苦死撑，做好了战死的准备。就在这千钧一发之际，忽见一位红袍小将挥舞长枪奔走如飞，跃下城墙，在缺口处一夫当关。只见他身手敏捷，手中一杆长枪左挑右刺，转眼间曹军死伤一片。东吴军见此，信心大振，周瑜双目圆睁，挥剑跃马，杀下城墙。曹军攻势受挫，只好退却。此战结束后，周瑜见过来将，来将自称徐盛，少时习武、勇力过人。周瑜大喜，提升他为副将，命其坚守西门。半月后，孙权命周泰率五万大军增援芜湖，曹军退走合肥，芜湖城转危为安。徐盛受周瑜之命镇守芜湖，他深感百姓受战祸之苦，遂修河道，整吏治，养农桑，将一座芜湖古城打理得井井有条。不幸的是，徐盛英年早逝，为纪念他，百姓为他修了一座规模宏大的庙，它与县衙一样，坐北朝南，正对青弋江，庙基由大方石砌成，高耸的石阶在门前伸开，气势非凡，守门的是"哼""哈"二将。整个庙宇共三进，最外层的栅栏搭盖着雨披，避免门前台阶滴雨，下有宽大匾额"江东首邑，城隍灵祠"。步入正门，眼前是一个大大的四合院，当中一座大香炉，环绕香炉是十殿道长。这里号称"中国第一座城隍庙"，徐盛也就成为中国的"第一位城隍爷"。

后一类如南北朝时期《北齐书·慕容俨传》记载：

天保初（550），除开府仪同三司。六年（555），梁司徒陆法和、仪同宋蒩等率其部下以郢州城内附。时清河王岳帅师江上，乃集诸军议曰："城在江外，人情尚梗，必须才略兼济，忠勇过人，可受此寄耳。"众咸共推俨。岳以为然，遂遣镇郢城。始入，便为梁大都督侯瑱、任约率水陆军奄至城下。俨随方御备，瑱等不能克。又于上流鹦鹉洲上造荻洪竟数里，以塞船路。人信阻绝，城守孤悬，众情危惧，俨导以忠义，又悦以安之。城中先有神祠一所，俗号城隍神，公、私每有祈祷。于是顺士卒之心，乃相率祈请，冀获冥祐。须臾，冲风欻起，惊涛涌激，漂断荻洪。约复以铁锁连治，防御弥切。

俨还共祈请，风浪夜惊，复以断绝，如此者再三。
城人大喜，以为神功。①

北齐大将慕容俨奉命镇守郢城，南梁大将军侯瑱和任约率领三军攻打郢城，屡攻不下，于是命令士兵向江中上游撒下大量水草以堵塞航道，切断郢城的粮草运输与外界联络。在这样的紧急关头下，慕容俨亲自到城隍庙祭拜，请求神灵解救郢城于危难之间。就在这晚一阵狂风暴雨将上游飘来的水草全部冲走，随后南梁军队再次以铁链锁江用来阻断北齐船只，在城隍神灵护佑下的郢城又化凶为吉，咆哮的江水冲断锁江铁链，城内军民皆认为是城隍显灵，士气大振，以少胜多大败南梁军。随着灵迹故事的流传，城隍日趋成为民众心目中的城池保护神。

总而言之，城隍神最初是土地神，后来随着城市的兴起，成为城市守护神，其时尚属自然神，也是民间信仰的神明，经过历朝历代的发展，城隍神由自然神演变为人鬼神，到明清时期，统治者努力将其纳入封建官僚体系，使城隍信仰制度化，城隍神不再是简简单单民间信奉的一尊神明，而是成为一种官职，荣显其地位，全国上下皆建

① [唐] 李百药. 北齐书 (卷20) [M]. 北京: 中华书局, 1972: 281.

西安城隍庙牌楼

城隍庙，皆祀城隍神，城隍神也开始具有了官方性和民间性的双重特性。经由朝廷正统化的城隍被广大人民普遍接受，朝廷的封赐使城隍神的灵力得到国家认同的保证，并在地方上获得合法的正统地位，为城隍神信仰在基层民众中的传播起到了很大的促进作用。而地方官员也借朝廷对当地所信奉的城隍神封赐这一途径来提升他们在基层民众中的地位，这在一定程度上也反映了中央对地方社会控制的加强，以及地方民众对中央正统王朝的承认。

城隍担负着保护城市不受外在的侵害、守护整个城市安全的职责。随着城隍信仰的兴盛和普及、神职和灵力也随之扩大，城隍神成了无所不能的万能之神。民众向城隍神祈求平安、福禄、子嗣、升迁、婚姻、财运如此种种，城隍神职能之广，成了一位有求必应的灵应之神。在中国这个以农业著称于世的国家，城市相对于农村来说，其数量所占的比重小一些，城隍信仰与城市居民之间的关系显然更为密切，而本书的研究对象却是发生在乡村的大型迎祭城隍民俗活动——原本没有城池的乡村却尊有 3 位身份不一的城隍神，围绕 3 位尊神有 53 个之多的村庄以游神的方式形成了 3 个祭祀圈，声势甚为隆重显赫——除了城隍信仰在民众生活中十分普遍和广泛、影响深远之外，还有什么原因？接下来将从游神祭祀展开对西安市鄠邑区北乡迎祭城隍民俗活动的探究。

第二章 西安市鄠邑区北乡迎祭城隍民俗活动的兴起、演变与流程

第一节 迎神祭祀的缘起:傩

　　鄠邑区隶属西安市,1964年鄠简化为"户",所以"鄠县"由此称"户县",2017年户县撤县升区,正式更名为鄠邑区。鄠邑区位于关中平原腹地、南依世界地质公园秦岭、北至渭河。总面积约1282平方公里,总人口约60万,因20世纪60年代农民画闻名中外,有

北乡迎祭城隍活动

"中国第一画乡"美誉。迎祭城隍的民俗活动，主要分布在户县县城以北至渭河南岸的区域内。这里土地肥沃、四季干湿分明，光、热、水资源丰富，非常适合农作物的生长。同时境内的真守村新石器遗址也说明，早在六七千年以前就有先民在这里繁衍生息，这里称得上是黄河流域农耕文明的早期发源地之一。所以区域内多有人口达五六千人的古老大村，村落文化高度发展。而且距古都长安仅有三四十公里，历史上就属于京畿之地，古迹众多，文化积淀十分深厚，适于农耕的自然条件和京畿之地的地缘优势，共同构建了迎祭城隍这一民俗活动的地理和人文环境。首先，我们从迎神这一祭祀形式的缘起谈起。

西安鄠邑区北乡奉祀城隍的方式是在3个城隍社内的几十个村子之间轮流奉祀，城隍在每个村子享祀一年，每年正月十五前后，由下一个村子迎至本村供奉。这种轮流迎祭供奉的意旨既是城隍神对社内各村的巡察，也是对各村的暂住守护。大城隍社共有19个村子，城隍神19年巡察一周，各村相隔19年迎祭一次；二城隍社21村，城隍神21年巡察一周，各村21年迎祭一次；三城隍社13个村子，城隍神13年巡察一周，各村13年迎祭一次。为了区别于城镇城隍，当地人把这种轮流供奉的城隍称为"游城隍"，把城镇城隍庙里的城隍称为"坐城隍"。而游城隍也更加重视"游"的仪式感和由此产生的信仰价值。

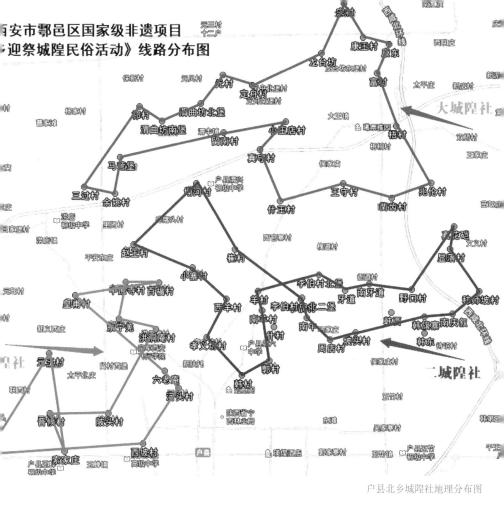

西安市鄠邑区国家级非遗项目
《迎祭城隍民俗活动》线路分布图

户县北乡城隍社地理分布图

　　所谓"游神"或称圣驾巡游、迎佛、抬佛、抬神像、神像出巡等，是人们选择喜庆节日、如元宵或神诞辰日，信徒把行身神像请进神轿里，然后抬出庙宇沿街巡游、接受民众的香火膜拜、寓意神明降落民间、巡视乡里、保佑合境平安，其形式与原始社会出现的傩具有一脉相承性。

　　1915年版《辞源》条目解释为："傩、驱疫也。《论

大城隍社什王村迎祭城隍抬判官

语》'乡人傩'犹今迎神赛会，与难通。"① 由此可知迎神赛
会与傩是同一含义。"傩"同时也是一种礼仪，周代曾专
设执掌傩礼之官职，由方相氏专司此事，《周礼·夏官·
方相氏》称："方相氏②掌蒙熊皮，黄金四目，玄衣朱裳，
执戈扬盾，帅百隶而时傩，以索室驱疫。"③汉代郑玄注：
"蒙，冒也，冒熊皮者，以惊驱疫房之鬼，如今魁头也。
时傩、四时作，方相氏以傩却凶恶也。"④"时傩"，是指
春、夏、秋、冬四时均作傩礼；"魁头"，是指举行打鬼驱
疫的傩礼时所戴的面具，饰以黄金四目。

---

① 辞源 [M]．上海：商务印书馆，1915：241．
② 方相氏是旧时民间普遍信仰的神祇，为驱疫避邪的神、是周礼规定的司马
的下属，最高官阶为下大夫．
③ 陈成国点校·周礼·仪礼·礼记 [M]．长沙：岳麓书社，1989：85．
④（汉）郑玄注．十三经古注 [M]．北京：中华书局，2014：533．

由于古人医学知识匮乏，故认为危害生命的瘟疫是由恶鬼作祟引起的，于是打鬼驱疫的原始宗教仪式逐渐演变成傩礼。因此，傩礼与一般的礼仪不同，它用于表达驱邪逐疫、纳吉引福的祈求和愿望，其表达的方式是执行傩礼的人头戴面具，身穿黑衣红裤，执戈扬盾，挥动旗帜，追索于室内外，表演出一系列虚拟的驱邪逐疫的舞蹈性动作和戏剧性情节。所以轻鬼神的孔子一看见"乡人傩"，也拱立于月口台阶上迎候。宋代朱熹为《论语》中的"乡人傩"作注时，也根据他当时的所见所闻而注为"傩虽古礼，

鄠邑区民间跳钟馗

而近于戏"①。

在历史的发展进程中，傩礼逐渐被改称为"平安醮"。
"醮"，原是上古嘉礼中的一种简单仪节，用以冠礼和婚
礼，让受礼者享以薄酒。后来才演变为一种祷神的祭
祀，专指道教诵经祈祷的仪式或为禳除灾祟而设的道
场。非丧事的平常祈祷诵经，称为"平安醮"。

傩礼虽被正统宗教吸收，改为平安醮，"以僧道为
之"，却又"别于僧道"，这一点极为重要，因为这是区别
古傩礼与宗教文化的关键。由僧人、道士取代方相氏来执
掌傩礼仪式，这只是人事上的变更，而"止行索室驱役之
礼，若黄金四目，执戈扬盾"②，才是古傩礼特有的本来面
目，也是它区别于僧道宗教文化的根本所在，可见傩具有
这样的特征，它通过通灵的人与空间的声乐、行为等的互
动，达到对空间净化、圣化的作用。

在神州大地上，各地有各地不同的风俗习惯，傩文
化也不可避免。尽管各地的傩文化名目不一，千变万化，
异彩纷呈，但万变不离其宗。《上思县志》（民国四年刊
本）中有这样的记载："南乡板嫩村每值收获后，合村同

---

① （宋）朱熹注. 四书集注 [M]. 北京：北京古籍出版社、2000：133.
② （清）冯德才，（清）全文炳修. 文德馨，牟懋圻纂. 玉林州志 - 卷四 - 舆地
略·风俗 [M]. 清光绪二十年 (1894 年).

建醮，名'鬼调醮'。嗣由道人装鬼涂面，著斑衣，装舟喷油、执旗扬剑，随门驱逐，谓之赶瘟。胡唱胡喃，言不在理，然必如此始丰熟平安，又免瘟疫。盖习俗使然，而亦犹行古傩之道也。"[①]由此可见，虽说有些地方的傩礼掺入了佛道宗教文化意识，但其主体部分和基本形态特征，还是属于古傩文化艺术。

相较于傩礼中被认为具有通灵能力的人担任傩礼执礼人，由他与神灵沟通之后传达神的意志，进入有需要的家庭中执行相应的仪式以达到驱邪逐疫，纳吉引福的目的，乡村游神则往往是以村或县为单位进行的，除了主持游神活动各种扮演者如无常、地方王、小鬼，还有黟县的儿童扮演成京戏角色外，伴随着"抬阁""千秋""高跷""板凳龙""打目连""傩戏"之类各色活动出行的还有城隍神神像，是主要与祭祀城隍相联的一种社群活动。城隍是中国民间信仰的重要神祇之一，在中国的古代城市中往往有祭祀城隍神的城隍庙。城隍是城市的守护神，同时也管理人的善恶祸福，兼管地方阴曹幽冥。城隍主持正义，惩罚作恶者，为人申冤，面对灾害和危机，人们常要请城

① 黄大受．上思县志 [M]．南宁：南宁达时印务局，1915．

坐城隍像和巡游城隍像

隍神出面解决。所以，游神活动在打鬼驱邪逐疫的同时，更重要的是作为神留驻人间法身的神像传达着守护神城隍的意志，及其对小到村庄、大到城市这样广大的空间进行赐福。

安徽省黄山市黟县每年十月初一组织的城隍会，又称为"出地方"，这种游神活动中还有一些傩仪的场面，而且十分宏大，基本上按照《乐府杂录·驱傩》"用方相四人，戴冠及面具，黄金四目，衣熊裘，执戈，扬盾，口作'傩、傩'之声，以除逐也。右十二人，皆朱发，衣白画衣。各执麻鞭，辫麻为之，长数尺，振之声甚厉"①。表演

①（唐）段安节撰．亓娟莉校注．乐府杂录 [M]．上海：上海古籍出版社，2015.

者的安排大致遵循着《新唐书·礼乐六》："大傩之礼。选人年十二以上、十六以下为侲子，假面，赤布袴褶。二十四人为一队，六人为列。"[1]黟县出地方的具体形式为县城隍庙会，自阴历十月初一由"罗汉扫街"开始，继而四乡响应，出演各式节目，以"地方王"出巡为高潮，结束时各个"地方"——一说是无常，会将城隍庙中菩萨抬上八大轿出巡。"出地方"的城隍出巡程式分为抬城隍、娱神表演，即民间艺人表演各种技艺。接着出巡队伍按照火球队、鬼队、城隍仪仗队、罪人队的顺序出行，抬着城隍神像巡游，绕城一周。人们相信，这样一来城隍的神力就会震慑鬼怪，护佑当地太平。所以几乎全县百姓都会出动，供奉城隍，烧香酬愿。

鄠邑区北乡的游城隍活动每年都会举行，届时主祭城隍的村庄会轮换，迎神队伍规模宏大，有仪仗队、乐队，有"肃静""回避"牌、万人伞、城隍夫妇乘坐的轿子、香案、文武官和礼宾乘坐的车马等，还有各种声势浩大的民间艺术表演。而在恭送的村子中，乡民会在恭迎队伍所经过的街巷门前摆放烟酒、水果、糕点、茶水，供迎神

① （宋）欧阳修，宋祁，范镇，吕夏卿等著．许嘉璐，黄永年编．二十四史全译新唐书（第一册·卷十六·志第六·礼乐六）[M]．上海：汉语大词典出版社，2004：306.

大城隍社梧村迎祭城隍

队伍的食用；恭迎队伍来到门前时，家家户户还会燃放爆竹，以示礼敬。双方的村子会举行隆重的交接仪式，诵读祭文、祝文。村庄之中人头攒动，在欢快的祭祀氛围中，祈求来年的平安喜乐，不少鄠邑区南部村庄的乡民也会争相观看游神的队伍。

　　可见塑像是神灵留驻人间的法身，寓意神明降临民间，既是神明巡视乡里，保佑合境平安、风调雨顺一类的美好祈愿，净土驱邪的心灵寄托，同时也是对天地神灵、祖先恩德的感激与酬谢。这种饱含人民最原始情感的游神活动，如今仍有着强大的生命力，是中国民俗文化的重要部分，在各地，结合着各地特色蓬勃多样地发展着。

"傩"正因为具有了这种神对人居住空间的到访，从而达到驱魔布吉的功能，可以视为游神的源头性祭祀仪式。游神将局限于一家一室的驱邪祈福仪式扩展到相对大的空间，如村庄甚至是城市；迎抬的神塑像取代了装扮为神的傩礼执礼人，取消了人神之间沟通的介质，塑像以神灵留驻人间法身的形式与人的精神诉求直接相连；将神像抬在大街小巷巡察如同傩礼执礼人以舞蹈性动作和戏剧性情节除秽布吉，从而使适用于较小空间的"傩"，转变为可在广阔空间单行的游神，同时因神像的仙品等级，必然配备对应的出巡仪仗，声势威仪自然远超"傩"。同时，从"傩"到游神的发展是人口增长、居住空间扩大的必然结果。"傩"仍旧被保留，适用于小空间的祭祀，而游神则适用于广阔的空间，参与人数众多，更为隆重而热闹，也更具仪式感和象征性。

第二节　三个城隍社的形成：连堡制

　　乡村本无城墙，何来城隍？那么，西安市鄠邑区北乡50余个村子又是如何供奉起三位城隍爷的呢？关于迎祭城隍民俗活动开始的具体时间，并无史料明确记载，但溯源可推至明末，缘起于明末的陕西农民起义。明初朱元璋设立了卫所制，且与之相对应地形成了边镇世代兵户的状况，全国以沿长城的九边重镇兵户最集中，虽说后来军备有所松弛，但世代沿袭下来的习武备兵、通晓战阵传统却没有改变，明末的陕西农民起义实则为半农半兵的预备役、民兵的起义。

　　明朝末年，天灾人祸，明政府赋税不断加重，阶级矛盾进一步激化。在此情况下，为应对内外忧患对明政府的威胁，遂对军队进行整改，为节省军队开支，明政府将延安、绥德等地兵饷积年不发，引起了广大士兵的不满和愤恨，此时又恰逢陕西地区连年干旱，陕北地区士兵和农民生活条件极差，十分贫困，经常食不果腹、衣不蔽体。在这种情况下，由于一些导火线的刺激，明末农民起义首先从陕北地区爆发。《明通鉴》卷七十四记载了"固原兵变"，其发生于明崇祯元年（1628年）十二月二十四日。兵变的直接原因是"时边兵缺饷，乱卒乘饥民之起，相与铧躁……乱卒劫固原州库，遂入贼党。"①自此以后，起义一发不可收拾，李自成②、高迎祥③、张献忠④等人在陕西掀起了一场反抗明王朝的农民起义运动。

崇祯七年（1634年），高迎祥与李自成、张献忠联兵东征，攻破凤阳，焚明皇陵，又攻入平凉、临洮、凤翔诸府数十州县，后转战终南山。终南山为秦岭山系，位于陕西省中部在西安之南，而鄠邑区位于西安市西南部，南依秦岭，北临渭河，正处于终南山脚下。也正是由于户县地理位置的特殊性，自李自成、张献忠率兵转战终南山之后，农民起义运动势必波及了户县。在《陕西发现的两通有关明末农民战争的碑石》⑤一文中曾提到在户县东南有名的佛教圣地草堂寺内有通高0.67米、宽0.77米的《新建安善团记》碑，碑上清楚地记载了有关户县农民起义的内容："夫自流寇飙起，鄠邑（今户县）被其蹂躏者数次"。此文

①（明）夏燮. 明通鉴（卷八十一）[M]. 北京：中华书局，2009：3124.

②（明）李自成(1606－1645)，陕西米脂县人，出身于贫苦农民家庭。善骑射，勇猛有胆略，曾为地主家放过羊，当过驿卒，深切体会到了生活的不易，因此在明末农民起义中深受群众敬佩和拥戴。

③（明）高迎祥(? －1636)，明末农民起义前期领袖。陕西安塞人，李自成的舅父（一说结义兄弟），称闯王。

④（明）张献忠(1606－1646)，陕西延安人。父业屦，母织席。少时流落江湖，当过捕快和边兵。

⑤周伟州. 陕西发现的两通有关明末农民战争的碑石 [J]. 文物，1974 (12)：44-48.

中还记载了农民起义军大约曾有三次经过鄠邑，第一次是在崇祯七年，李自成、高迎祥在安康突围后，北入关中，西南至宝鸡、周至一带，遭遇陕西巡抚练国事由户县支援西安后，起义军西移周至时，进入鄠邑；第二次是崇祯八年，陕西农民起义军复起，有六七万人活动在西安市长安区、鄠邑区、周至县一带；第三次是崇祯九年，高迎祥攻克汉中、石泉，出子午，准备进攻西安时被俘，而子午就在鄠邑东边，农民起义军进攻西安必定经过鄠邑。另在《总督孟少保碑》中也有记载，李自成在西安建立新政权"大顺"，而碑中所提"孟少保"为明政府官员，主要负责抵制关中地区的农民起义运动。碑文有"际伪李煽乱，九州鼎沸，五岳尘飞，干戈日循，戎车竞逐。公肃将王师，引斾秦郊，威怀三辅，驱伪李以宵奔"。虽然此句中都为对孟少保功绩的赞美，但的确反映出李自成带领的农民起义军确实曾在关中地区活动。崇祯十七年（1644年），孟乔芳所率农民起义军攻占山西，再过西南占领潞安、太原，随后西渡入陕北，九月占据关中地区。此两通碑文都证明农民起义军曾在西安市鄠邑区一带活动过。

　　为了抵制起义，减少因战争带来的不必要的人员伤亡和财产损失，当任户县县令张宗孟决议筹建连堡制。张弘襟《邑侯张公建文昌阁记》：

数年以来，流寇窃发，居人震荡，迁徙不宁。是时，适我邑侯定襄张公来莅兹邑。以为不逞之徒，飘风骤雨，难与争锋，吾独可以固吾围耳。于是下令，邑人各于险塞筑堡，团结保甲，呼吸响应。①

崇祯九年，知县张宗孟创立团堡，自志其事曰："不佞莅任时，贼寇遍三秦，而鄠县特甚。野无所庇，只得望城为归。然民之愚也，寇逼门庭，始踉跄奔蹶，逃遁不及，辄膏贼斧。凄魂号月，磷火飞原，举目遥眺，寸肠几裂，不禁泪霆霆下也。乃聚诸父老谕之，与其望城为庇，何不人自为庇？建堡则人自为庇矣。首事于曲抱村，亲与画批图形。民皆勇跃争先，不日告竣。复谕之练乡兵，立团长，设火器。四乡相继版筑纷起，其制悉如曲抱村。于是遍野皆城，贼七过鄠而无隙可乘，民永赖以安。诸父老相率请命其名，不佞因其首事于西也，遂由西而南而东而北，总其额曰永、保、安、宁，愿与吾民世世倚之。"②

两段引文都首先点明了农民起义如火如荼，地处关中平原的鄠邑因无所遮蔽，所以修建城堡十分必要。进而强调了防备完善的城堡在抵抗农民起义中发挥了重要作用，强有力地保证了境内乡民的生命、财产安全。

---

①户县志·卷七·金石（崇祯版）［Z］.民国二十二年出版.
②户县志·卷七·金石（崇祯版）［Z］.民国二十二年出版.

　　从鄠邑的地理位置和地形来看，它位于陕西省中部关中平原的核心地带，地势平坦，也正是由于地势相对平坦才给了农民起义军大举进攻的可乘之机。从战略来看，钟楼将鄠邑南北一分为二，南部依偎着秦岭山脉北侧的终南山，无疑为其形成了一道天然的屏障，户县北乡则无一遮蔽和防御，直接暴露于进攻范围内，且农民起义是由陕北地区逐步向关中平原推进的，因此，鄠邑北乡地区成了农民起义军必争之地。张宗孟下令在户县北边以垒筑堡垒的方式，筑起了三重防线（从而形成了后世的三个祭祀圈的雏形），开始于由曲抱村兴起修筑城堡逐步演化为连堡制。该体制形成后，户县最北边、渭河南岸的19个自然村形成一体，是北向的第一道屏障，形成了"大城隍社"雏形；由渭河北岸往南大官路东西21村为一社，是北向的

大城隍社定舟村迎祭城隍

第二道屏障，形成了"二城隍社"的雏形；再往南，最靠近县城的地方，涝河东西13个村为一社，是北向的第三道屏障，形成了"三城隍社"的雏形。自此，户县北乡地区形成了三道屏障，紧密结成的军事联盟，在抗击过程中起到了很大的作用，它极大地增加了结盟村庄之间的抗击团结性和积极性，加强了村落之间的人际交往，精诚团结的军事合作使得户县在兵乱中并没有受到很大的冲击，共同成功抵御了由北向南征战的农民起义军的侵扰。可见"连堡制"是形成3个城隍社的地理基础，并在此基础上形成了鄠邑北乡特有的3个城隍社迎祭城隍的民俗活动。

在兵乱后，这3个抗击兵乱的村庄联盟基于安全和利益，当然之前也存在着良性关系的往来，这使得各村庄对已形成的结盟关系必然会竭力维护。那么，为什么会选择祭祀神灵的方式来巩固结盟呢？首先，这是当地的民风民俗使然。早在明代中叶就已经有文献记载了户县神灵信仰崇拜之风弥厚，明代著名文学家王九思在其编撰的嘉靖版《户县志》中写道："乡人喜享赛神，倾囊不吝"[①]，可见祭拜神灵规模隆显、场面巨大，在明代中叶已蔚然成风。此外，前面也言明了鄠邑具有乡傩的变迁仪式，这也是游神宗教心理积淀。其次，这些村庄因为战乱都有了城堡这样等同于城墙的新建制，堡垒为乡民免于战乱居功甚伟，乡民对其自然感恩戴德，加之前文已述明清时期城隍信仰本就在皇权的推动下风行于世，这促使乡民为了进一步巩固联盟关系，选取共同祭祀城隍神。

当然城隍完全可以以坐城隍的方式进行祭祀，何以选择游城隍呢？在这里笔者提出两种猜测：首先，是经济原因。祭祀城隍发展到明清在仪式上已经具有了相当的规模并呈现出日渐繁复的趋势，乡村受制于经济、文化的发展水平，使得举一村之力年年举办大规模的祭祀仪式存在相当大的压力，如此一来这一民俗难以延绵长久。而采取游神的方式，每年由一个村子轮值主祭，则可避免劳民伤

---

① 户县志·卷十九·风俗（崇祯版）[Z]·民国二十二年（1931 年）出版·

户縣二城隍民間通神祭祀活動村堡名列

牙道村	野口村	振華威	顧港村	集香城
南慶叙	韓旗家	坡頭村	廚店村	李南村
崔　村	坳河村	趙王村	小寨村	西羊村
李義坊	東韓村	郡　村	東羊村	李伯村

公元二00八年古歷十月三十日

二城隍社韩东村迎祭城隍

财难以为继的局面，因为3个结盟圈分别包含19、21和13个村庄，轮值祭祀后经过漫长时间才会再次成为主祭村，大大降低了村庄人、财、物等方面的压力，从而有效维护了祭祀的长久性和稳定性。其次，是结盟关系的维护。三个城隍社的迎祭城隍民俗活动均选在春节期间举行。春节是走亲访友、亲族联络最为重要的民族节日，迎祭城隍民族活动虽每年都由一村主祭，但其他村庄皆要来贺，往来看热闹的乡民亦不在少数，这使得迎祭城隍民俗活动本身成为结盟村庄之间的社交平台，乡民通过迎祭城隍维护和密切了村庄的结盟关系与乡民之间的人际交往。

基于人们信奉区域内英雄人物逝后英灵长存、必会升为地方神灵来护佑故土，所以城隍神多由牺牲、去世的具有地缘性关系的英雄和名臣充任，在人们心目中是十分敬畏的阴司长官。乡民们祝祷他们的英灵可以像生前一样除暴安良、护佑百姓。在这样美好的愿景下三个祭祀圈乡民分别选取了三位忠烈人士作为城隍神，享受万代香火，分别是：大城隍社供奉的汉代名将纪信，他是户县大王镇王守村西纪家庄人或渭凤乡真南村东纪家庄人，夫人赵氏（又说弋氏），户县苍游乡什王村人；二城隍社供奉的是明代开国名将韩诚，他是韩村人，夫人杜氏，李伯村南堡人；三城隍社供奉的是明代崇祯元年（1628年）的进士，

大城隍神像

户县北乡三大社区游城隍简况表

俗称	城隍神名	会　日	祭祀轮值村	排　序
大城隍	大城隍纪信，王守村西纪家庄人，夫人赵氏，什王村人	农历二月初八日、六月初八日　冬会：十月十五日左近	4 乡镇 19 自然村 48 行政村	定舟村、龙台坊、宋村、康王村、富村、梧村、兆伦村、凿齿村、王守村、什王村、真守村、小王店、留南村、马营村、余姚村、三过村、祁村、渭曲坊、元村
二城隍	二城隍韩诚，韩村人，夫人杜氏，李伯村南堡人	农历正月十六日、六月十六日　冬会：一般在农历十月十五日左近	3 乡镇 21 自然村 27 行政村	牙道、叶口、真花硙、显落村、莫寺坡、南庆叙、韩旗寨、坡头、周店、李伯村南堡、崔村、坳河村、赵王村、小寨、西羊村、孝义坊、韩村、郭村、东羊村、李伯村中北二堡、文义村
三城隍	三城隍张宗孟，山西人，夫人王氏，三旗村人	农历二月十六日、六月初六日　冬会：一般在农历十月份内，由轮值村择日定会	2 乡镇 13 自然村 22 行政村	六老庵、南河头、西坡、三旗、元王店、索家庄、晋侯村、陵头村、洪洞庵、宁强硙、中原寺、百福村、皇甫村

二城隍神像

三城隍神像

即户县县令张宗孟，山西人，夫人王氏，三旗村人。实则除了三城隍神张宗孟外，纪信与韩诚具有明确史料证明他们的出生地均不是在鄠邑，但是百姓为了建构和英雄人物密切的地缘、亲缘关系，将他们的出生地安排在了鄠邑区域内的村庄里面，显示出城隍神与鄠邑深厚的血脉联系。这样西安鄠邑区北乡游祭城隍的民俗活动就在中国城隍信仰宗教文化、区域民风民俗及乡村建制的改变三重背景下产生了这一别具一格的民间信仰形式。

第三节　城隍祭祀的发展演变：清季民国的由盛转衰

　　民国建立，深受列强压迫和国内革命的影响，知识分子将国家凋敝的原因归结为知识范式与知识传统的"落后"上，以"鼓民力""开民智""新民德"为着眼点，倡导"反迷信"。启蒙运动从清季到民国开展得轰轰烈烈，推崇现代的"国民"理应祛除这些鬼神信仰，逐步认知"物理之变"与"自然规律"，此时赛会迎神、崇拜神佛、祝祷鬼神都受到严厉的批判。政府借助"反迷信"运动，以袁世凯为代表的革命投机派为了攫取源源不断的财政收益，拉开了一场从城市到乡村大规模没收寺庙、庙产、会田的运动。以城市为依托的城隍信仰逐渐被赶下"神坛"，很多的城市祭祀活动被迫停止，城隍信仰也渐趋萎靡萧索。如"辛亥革命"时期的常州军政府派兵将府县城隍庙"所有城隍夫妇、公子及十八阎罗、刀山、剑树、种种迷信时代之怪象一律扑击殆尽，旁及龙工三殿三茅宫等。"安徽都督柏文蔚将省府城隍庙"两厢泥塑偶像投诸水火，后殿亦改为学堂"，并准备将主殿主神城隍像摧毁，遭到守旧人士极力反对，被迫撤销此议。柏文蔚说："城为城垣、隍为城壕，安得有神为之主宰……岂有任听存在留此障碍物，以阻进化之理。"施赖奥克《近代中国人的宗教信仰》也写道：直到民国建立前十年，城隍游街活动都只在诞日举行，那时时局很乱，参加此类游行其实是很不安全的。此后直到"辛亥革命"，游行改为一年举行三次，时间分别在三月初三、七月十五和十月初一，在中国宗教中这三个日子具有浓厚的神圣意味。游行鼓噪起城市和周边地区不安定的成分，因此多引起混乱，所以"辛亥革命"后，直到1923年，游行都被禁止。1928年，国民党教育部颁布神祠存废条例，城隍庙亦在废止之列。大多数城隍庙被改为机关、军营、学堂等。1929年，广州市风俗改革委员会作出了禁止市民在城隍庙中"打地气"的决定，试图以此来扫清所谓"革命障碍"，城隍信仰从此一蹶不振。

随着西方先进思想的传入，中国传统的"万物有灵"的观念遭到科学知识的严重冲击。人们普遍接受新思想以后，城隍信仰及其祭祀走向衰落亦属必然。中华人民共和国成立以前，无论从城隍信仰的信众数量还是从举行城隍信仰相关活动的次数来看，城隍信仰及祭祀在城市渐趋退出中国人的信仰舞台。在乡村，情形却不同。虽然国家政权不断向乡村延伸以实现地方机构的正规化，但传统的内在生命力仍然驱动着乡土社会的惯性运行。通过田野调研老人们的回忆获悉，在民国时期西安市鄠邑区北乡迎祭城隍民俗活动仍能维持原貌。新中国成立以后，全国开展了一系列破除封建迷信的社会运动，城隍信仰也被视为封建迷信遭受到了严厉打击，北乡城隍神像及相关建筑都在这一时期破坏殆尽。

1988年，西安市鄠邑区恢复城隍信仰，开展"接爷"活动，因无法界定其是否属于封建迷信而引发人们的争议。应当指出的是，城隍信仰所属的民间信仰与封建迷信之间有所区别。

民间信仰与制度型宗教有一定的区别，但仍属于一种宗教，事实上目前常提到的"民间信仰"一词应说来自日本，最早是在1897年由日本学者使用的。1985年日本平凡社出版的《大百科事典》，有如下定义："民间信仰是指没有教义、教团组织的，属于地方社会共同体的庶民信仰；它也被称为民俗宗教、民间宗教、民众宗教或传承信仰（世世代代流传下来的信仰）。"①按照这一定义，可知民间信仰这一概念是与教团宗教相区别而产生的。随后也出现许多中国本土民俗学者对此所下的定义，如宗教学者金泽认为"民间信仰属于原生性宗教，而不属于创生性宗教""民间信

---

① 关于"民间信仰"概念在日本和中国的发展演变历史，请参见如下文章：铃木岩弓著."民间信仰"概念在日本的形成及其演变.何燕生译.民俗研究.1998（3）；朱海滨.中国最重要的宗教传统：民间信仰.见：复旦大学文史研究院编."民间"何在谁之"信仰".北京：中华书局，2009：44-56.

仰是历史上长期存在并将继续长期存在的一种宗教现象，它在组织上具有不同于制度化宗教的特点"，而《辞海》中的定义为民间流行的对某种精神观念、某种有形物体信奉敬仰的心理和行为，这种定义更加宽泛。种种定义莫衷一是，但基本上可以认为民间信仰是一种非制度式宗教，或者说是民俗宗教。

民间信仰具有功利性、祭拜对象的混杂性、仪式的建构性、组织的松散性的信仰特点，其由广大城市和农村民众基于对祖先、神、鬼及风水、阴阳、命运等神秘力量的信奉而进行祭祀、崇拜、占卜、禁咒、灵魂附体等各种形式的仪式活动，发生在家庭、祠堂一些登记或未登记的宗教场所。相较于制度化的宗教，民间信仰是民间自发形成的，有着组织制度上的松懈性和崇拜对象的随意性，没有系统存在的仪式、庆典与严格的教规，没有宗教团体组织，往往由区域性社会共同信任的年长者的个人威望与热心来维系。参与与否、参与方式和时间，完全取决于人们的自我感知和传统习惯，而不是制度性组织层面的安排，所信仰的对象常与日常生产生活相关，往往是人们根据各自的需求找到相应的神明。人们尽己所能，投入蓬勃的激情。

而因特定的政治因素和历史条件，民间信仰在中国长期被政府与民众视为"封建迷信"而非宗教，不属于五大合法宗教。值得一提的是"迷信"一词中国早已有之，只是较多地出现在佛教语言中，作为近代广泛批判的鬼神信仰意义上的"迷信"一词，则是清末从日本舶来的新词汇，在清末、民国时期民间信仰被视为"迷信"的观点开始流行。这种情况的出现，其中很大部分的原因在于用西方的学术框架套用在中国文化上。"宗教"系以佛教中所谓教理之义的"宗教"一词，作为英、法、德等西语religion的对译。西方宗教属于具有系统教义、完备组织和道德规定的典型制度型宗教；反观中国社会中各种民间信仰，其形态相比于西方传统宗教信仰形态差距甚远，但当越来越多的学者走出西方概念，以一种更开放的宗教观来看待民间信仰，其实际上应为一种分散型的信仰模式，这种观点目前在学理和政策上都站得住脚。

"封建迷信"是旧社会一种固有的陋俗，其具有迷狂的特征，是非理性、反科学、对个人与社会有直接危害的极端信仰，是巫术、宗教中有害成分的强化，迷信者在心理与行为上往往与科学已知的原理和知识矛盾，这诱发破财残身、伤风败俗、扰乱生活、荒废生产等不良后果，在形式上一般由神汉、巫婆等迷信职业者主持的算命、看相、求签问卜等活动组成，以装神弄鬼、妖言惑众进行诈骗钱财，危害社会秩序和群众的身心健康。

"民间信仰"则反映的是华夏文化传统的价值观念和所

凝结的中华民族数千年形成的文化心理积淀。它是以儒教家族伦常为教化基础，以儒、释、道三教"神道设教"大众化的多神信仰。其内涵意义体现出了儒教"孝、悌、忠、信、礼、义、廉、耻"的伦常关怀和道教"善恶承负""太上感应"，以及佛教"因果报应"等劝善惩恶思想的一体混融。具体内容涵盖了天地祖先、历史人物、仙佛鬼神、三教九流、日用众神不一而足。信众借此天人感通的方式而达到缅怀功德、尊天祭祖、惩恶扬善、避灾祈福、求助许愿和安定心神与精神慰藉，能够起到安定社会生活的积极作用。①

由此可见，从性质上看，民间信仰与封建迷信有很大差异。正如2012年陈桂炳所提，价值中立的"民间信仰"与贬义色彩浓厚的"封建迷信"这两个词是不能画等号的，民间信仰作为一种群众性的社会文化现象，是根植于乡土社会中的民俗文化，它对于维持社会稳定和维护世道人心有着重要的作用。不可否认的是民间信仰具有一定的"一般的迷信"，其迷信的一面在于，信仰者往往不能清楚辨识信仰对象的身份、作用与彼此互动的关系原理，只是出

① 张建瑞．民间信仰有别于封建迷信活动——以山西乌河地区的民间信仰为例 [N]．中国民族报，2017-01-03.

于盲从态度或情感而信仰、有些迷信现象确带有神秘的色彩，也可能存在巫术遗留或巫术倾向。但同时由于原始信仰或迷信的事象在流传中神异色彩有所淡化，更多地被赋予了人们在长期生产与生活的经验中找出的一些合理性、渐渐成为了一种传统，直接或间接地被用于生活目的。此时很难界定"俗信"与"迷信"两者的比重、因此也就不能将民间信仰一概视为迷信。

第四节 鄠邑北乡迎祭城隍民俗活动的发展演变：
废止与重兴

中华人民共和国成立后，历经"破四旧"与"文革"政治运动，城隍信仰被视为封建迷信，在中国城乡急速消歇沉寂，西安市鄠邑区亦不能免。1953年，二城隍塑像在苍游乡振华威村遭毁；1956年，在全国"破四旧"的高潮中，户县大城隍塑像在大王镇富村奉祀时被毁；三城隍塑像随之也被摧毁。直到改革开放之后迎祭城隍才开始复苏，尤其是进入21世纪，不单许多与迎祭城隍相关的活动相继恢复，更呈现出一种蓬勃发展的趋势。在此，我们以鄠邑区定舟村为例来讲述其中的原委经过。

1988年，西安鄠邑区渭丰乡真守村南堡雒大荣老人，因年轻时破落借住于村关帝庙内，感念神灵多年来的护佑之恩，决意发心重塑神像，号召19村堡①善男信女重塑神像。信众们自发背土、出资、帮工，先完工了关公像，后在乡民的强烈要求下又重塑了城隍像。1989年春节，定舟村三村九社热闹人决意要耍社火。从烧社火、墩社火到

---

① 即鄠邑供奉城隍的 19 个村寨。

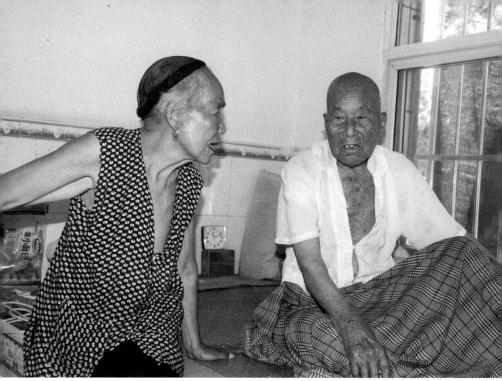

雒大荣老人（右）

跟场子、酝酿，万事俱备，突然天降大雪，既定耍社火难以进行。大家怨天之时，有人忽然提议，城隍为19村堡共有，城隍神像既然已重塑完毕，就要接，就要游。一人动议，万人呼应。经10余村堡拥戴，定舟村私下决心，在定舟民乐会会长李延孝及热闹人李兴武等组织下，召开三村九社社长会议，就接爷事宜进行商讨。中央对接爷这件事如何定性？国家是否将接爷视为封建迷信？乡民们都吃不透政策。正好定舟村人李成文时任户县文化局副局长，大伙齐向他讨教，这让李成文踌躇不已，也吃不准。乡民们经过几轮商讨遂决定，假如接城隍被定性为封建迷信，李兴武被抓，定舟村给李一天5元钱的补助，到时候三村九社定用锣鼓迎他回村。后来历史证明，这种担心有点多余。

自拨乱反正、改革开放后，传统习俗渐渐被理解升华为民俗文化，思想解放如春融冰水。1989年正月十三，定舟村民乐会首举接爷大旗。当日，民乐会率村民1000余人，组织50面旗帜、30面大鼓、60副铙钹、50个马身社火，组成强大阵容，早6点30分出发，自南北6号路向西入真南村。因两村事前未对迎送城隍深入交流，致使真南村将城隍爷、城隍婆等塑像藏匿起来。定舟村民乐会在水塔处找到判官和小鬼塑像后，真南村才将城隍爷、城隍婆抬出。定舟村李兴武站在高台处宣传说，城隍是大家的，城隍接回定舟村后，按照民俗古例，18年后还会游回来的。至下午6点，城隍被接回定舟村安置于南村关帝庙内祭祀。城隍接回来后，村支部既不拥护，也不反对，由群众自发组织安排活动。19村堡陆续为城隍前去进献香火。1990年，龙台坊村接城隍后，19村堡民乐会共同商讨研究成立了城隍协会，制定了规章制度，定舟村李延孝和李兴武分别担任总会长和秘书长。值得欣喜的是《陕西日报》记者闻讯采访，发表了一篇《苦无新雅抒情谊、乐享旧俗觅精神》的通讯，在社会上引起强烈反响。而此前，长安县斗门镇为石佛过会，被《西安晚报》以搞封建迷信活动批评。定舟村接大城隍后，二城隍、三城隍次年相继塑起，一度中断40余年的游城隍古例，在西安市鄠邑区北乡又得以恢复。

在那之后，迎城隍活动每年都如期举行，"城隍爷夫妇"在北乡19村堡按照古历轮流迎送，终于在18年后再次回到定舟村。为了迎接城隍，早在一年前定舟村就开始了准备工作。2006年3月18日，在鄠邑区定舟村学校教学楼前，定一、二、三、四、五、六村，村委会负责人及三村九社社长、村中热闹头、村内知名人士200余人参加，召开了定舟村接城隍组织机构民乐会成立大会。当天，推选出五人作为会长。为了再接再厉迎出风采，民乐会专门组织了全村锣鼓大赛，提高乡民们的鼓乐水平，凝聚了人心，振奋了士气。当年农历腊月，定舟村民乐会屡次召开会议，就接城隍人事、宣传、筹划、彩门、资金、治安、路线、祭祀、礼仪等细节进行了反复研究。全村共搭9个彩门，均有楹联。定舟村关帝庙前水泥硬化，绿化完毕，整理一新。2007年农历正月初八，全村集体彩排，声势浩大。2007年3月1日即正月十二，正式迎神。迎神当日，早七点集合、八点出发，下午6点结束。其中，百面女子锣鼓，百副彩旗，百面女子腰鼓，50个马身社火，百人秧歌彩扇队等阵容庞大，和谐统一。其间，新闻记者与摄影家为盛会留下了一张张宝贵的照片，记录下了这一历史瞬间。迎神蜡烛共重128斤，香炉为明代万历年间打制，距今600余年，祭亭精巧别致；武术队表演动作有力、舒展大方，打夹子

2007年定舟村接城隍

2007年定舟村接城隍

2007年定舟村接城隍

2007年定舟村接城隍

4人组合气冲斗牛，卖力投入，感天动地。接爷队伍声势浩大，观者20余万人，场面极其壮观。中央至地方新闻媒体聚焦迎神始终。接城隍次日（正月十三），天降甘霖。之后，19村堡敲锣打鼓，善进香火。

定舟村祭都府城隍纪公文

惟农历正月十二日，岁在丁亥，金猪赐福之始，吉星高照之日，和谐致祥之时，吾村定舟民乐会，率父老乡亲，谨以百面锣鼓聚之，祭品、香烛、古乐云云，胸怀虔诚崇敬之心，致祭于都府城隍神座之前，恭拜告知曰：

秦岭巍巍，渭水泱泱。秦末天下大乱，群雄争霸纷攘。英公纪信，器宇轩昂。审时度势，矢追汉王。南征北战，忠勇刚强。豫地荥阳，高祖受困，何人保驾护王？纪公果断佯邦，高祖安然无恙。汉室威加天下，纪公荣封城隍。两千余岁，香火旺盛，祭祀不忘。彰天地之正气，昭古今之忠烈，香火日夜明旺。

汉唐上林内苑，十村九堡，古今向善之乡。定舟请神，同心倾力承当。轮流奉祀，庙满馨香。祈吾城隍，神威发扬，保佑一方。父慈子孝，妻贤母康。兄弟和睦，妯娌谦让。朋友诚信，邻里相帮。十八载前，首举重游城隍。托神赐福；定舟工农并举，企业发达兴旺。村容整洁端庄，春夏秋冬平安，岁岁人财两旺。流金岁月乐享，甜蜜生活不忘，开拓之心更强。

今卜良辰，全村男女老幼，依尊古例，恭迎尊神城隍。游抵定舟，复降甘泽瑞祥。回眸千年沧桑，人事物里变样。欣三农播福康。展望十九载后，定舟腾飞，五福齐聚康庄。美好祝愿，诚祷尊神在上，赐和谐降吉祥，永佑定舟安康。

伏祈

尚飨

定舟民乐会 呈

2009年户县北乡迎祭城隍民俗活动被列为陕西省非物质文化遗产后，受到了更广泛的社会关注，迎祭活动也更加丰富，在遵循古礼的前提下体现新农村的气象万千，强烈表达着乡民对未来生活的美好期盼。这突出体现在民俗活动的日渐饱满多元，女性在其中尤为突出靓丽。女子腰鼓队、秧歌队、锣鼓队在民俗表演中情感昂扬、积极活跃，充分体现了男女平等在乡村进一步的发展和实现。

乡村女性通过深度参与民俗活动，并不仅仅将之视为一种娱乐，更是女性建构对自身的认识、对自身能力自我挖掘的方式与平台。可以说，迎祭城隍为她们提供了一

什王村迎祭城隍

王守村迎祭城隍

王守村迎祭城隍

王守村扇子舞队

二城隍社皇甫村迎祭城隍

大城隍社小王店村迎祭城隍

个契机，在这样一个传统民俗活动中，我们看到了乡村妇女对于自身美的淋漓尽致的展现，其中也包括她们精诚合作的精神，群策群力的热诚。在这个活动中，她们既展现了自我，更锻炼了自我，也提升了自我，这对于女性乡民日后的精神风貌和人格建构将起到非常重要的积极作用。如今的城隍祭祀中城隍信仰组织者在不断提高活动层次，为活跃乡民精神文化生活服务，满足乡民日益增长的精神文化需求，并在其中积极体现出社会建设、经济建设和社会主义精神文明建设在乡村发展的势头，起到了极好的宣传和推进的作用。

第五节　正月迎祭仪式流程：出发仪式、行进排列、交接祭祀礼仪、安神仪式

经过上千年的发展，城隍祭祀已经演变为包括祭祀、游园、表演等在内的群众活动。特别是在春节期间举办的城隍庙会，涵盖了戏剧表演、民间文艺展示、风味小吃、艺术绝活等非常丰富的内容，这是一次"狂欢节"，气氛异常活跃；而在每年的春秋两季，民间在祭祀风、云、雷、雨神时，城隍也是必须出场的；在清明节、中元节和十月初一，祭祀厉坛也是城隍主享；在城隍诞辰日祭祀活动上，城隍更是当之无愧的主角，如上海城隍的诞辰为农历二月二十一、河南郑州城隍的诞辰是农历三月十八、四川大宁县城隍诞辰为五月二十八、山东益都城隍诞辰为五月二十七。但是就全国来看，城隍诞辰大多集中在五月，因为明代都城隍的诞辰是五月十一，有些此前尚无城隍神的城市就沿用了这一诞辰日。

在城隍祭祀中有一项活动是很重要的——出巡——即城隍爷出巡，一年两次或三次，时间各地不一。从全国范围来看，春季的出巡大多安排在清明节前后，名曰"收鬼"。胶州的城隍神在清明节和阴历十月初一出巡，届时当天从凌晨4点多开始，城隍爷巡视胶州城东西南北四大关108条

街（巷），万人空巷，真是一番盛景。郑州的出巡除清明外，每年的农历七月十五也要举行出巡，同时规模也比清明大得多。身着黄袍、头戴皇冠的城隍神木塑像坐在有六十名壮汉轮流抬着的官轿内，两旁还有四名道士护驾，前面还有四街会首率领，仪仗队分列两侧，锣鼓喧天，唢呐嘹亮，人山人海，摩肩接踵。

除了城隍出巡，迎祭城隍也是很重要的活动，其中陕西户县的迎城隍最具特色。县北3个城隍社在迎祭城隍的千百年间形成了特有的模式，多年未变。在这3个城隍

大城隍社兆伦村迎祭城隍出发仪式

社里，城隍在每个村子供奉一年，每年正月十五前，由下一个村子迎至本村供奉。迎祭城隍在当地被称为"接爷"，伴有盛大的民间艺术表演，迎神队伍声势浩大，交接仪式非常隆重。

正月迎祭城隍的仪式分为出发仪式、行进排列、交接祭祀礼仪、安神仪式。

一、出发仪式：（庙门前或设舞台）

司仪一人、礼案两人（提前将神主牌位亭子供在庙前，燃香烛纸表，祷祝一帆风顺，吉祥平安）。

仪程：

1.鸣放礼炮、演奏鼓乐；

2.文武祭官、礼宾就位；

3.明烛上香、祷天告地；

4.文武祭官、礼宾向全体村民四方观众致意施礼；

5.首要领导致辞；

6.村民代表致辞；

7.文官上桥、武官骑马、礼宾乘车；

8.总会长发号施令：吉日良辰准到，迎神队伍整装出发，鸣放礼炮、擂鼓、开拔。

文官燃香祭拜天地

武官燃香祭拜天地

迎神门旗及展牌

二、行进排列

1. 报马开道：枣红马四至十匹，革鞍金镫，头缨项铃。骑马人上身着翻毛狐皮褂，下身穿翻毛皮套裤。肩上斜背黄包袱、带历书一卷、长尾雉一只、头裹花毛巾、额插日照子、眼戴大墨镜。左手执辔、右手扬鞭，口衔卷烟。前后飞驰，承担通风报信和疏通道路的职责。

2. 旌旗仪仗：有八卦旗、龙凤旗、七色彩旗、大小彩旗、三角旗、长方旗，各成方队，形成旗帜海洋、乘风破浪。

3. 锣鼓方阵：前有开路大堂鼓，后有压阵牛拉鼓，各种大小堂鼓、磴子鼓、铜鼓、腰鼓，还有龙凤锣架、钩锣、大锣、小锣、铙钹百副以上，以及梆子、绞子。鼓之舞之，雷霆万钧、排山倒海，震耳欲聋，声闻于天。

4. 社火列队：芯子社火、平台社火、马身社火、高跷社火、高悬惊险、灵活机动、花草树木、山水鸟兽、飞机火箭、宇宙飞船、一桌一故事、一出一世界、优美壮观、耐人寻味。

5. 武术杂耍：彪形大汉袒胸露臂，春秋大刀、七尺长矛、火硫球、铁连枷、三截棍护神开路打场子，声东击西，威风八面。竹马、旱船、地游、大头娃，喜庆幽默、欢天喜地、灿烂奉献。

6. 城隍仪仗：（1）黄旗两面；（2）红灯两盏；（3）万人伞一顶；（4）日照子一面；（5）檀香炉一台；（6）细乐组合一队；（7）香蜡祭品供案一张；（8）城隍神主牌位彩亭一座；（9）诵经队若干人。

7. 全卦执事：（1）中锣两面；（2）道锣一面（抬行）；（3）肃静回避警示牌一对；（4）金瓜两个；（5）大刀两把；（6）神笔两支；（7）钺斧两把；（8）朝天镫两只；（9）攀龙木两根；（10）杀威木两根；（11）文官大轿一座；（12）武官坐骑一匹；（13）屏扇两面；（14）小鬼判官小神各一尊；（15）路神两位（乌鞘鞭开路）；（16）都府城隍神轿一顶；（17）城隍夫人神轿一顶；（18）都府城

报马

旌旗仪仗

锣鼓队1

锣鼓队2

迎神扇子舞

迎神社火

古乐队

神职队

迎神香案

隍坐骑一匹；（19）摆马队20匹上下；（20）背行李老翁一人；（21）执掌祭器12人；（22）掬香队伍随意参加。

8.秧歌舞蹈队：扭秧歌、打钱歌、扇子舞、彩伞舞、现代舞、西洋舞、街舞、歌舞等，载歌载舞，喜庆热烈。

三、交接祭祀礼仪（庙门前或设舞台）

交接礼仪（迎值村）由司仪和八位礼宾组成，即文祭官、武祭官、正引、陪引、正通、陪通、正读、陪读。送祭村礼宾仍为原迎值时礼宾执行。

交接典礼（送祭村司仪执行）：

1.恭请大城隍总会会长宣布送迎城隍祈福大典开始令。

2.迎值村报官进庙（燃烛上香）。

3.路神乌鞘鞭清场开道（鸣礼炮三响、乌鞘鞭向东南西北四方位各挥打三鞭）。

4.礼乐起奏、迎值村礼宾进庙或登上供神舞台就位（文祭官和正礼宾，武祭官和陪礼宾两列并排行进）。

5.迎值村礼宾安座，敬候送祭村举行拜别城隍神仪式。

6.送祭村举行恭送祭祀典礼，恭请某某村城隍总会会长宣布恭送城隍盛典开始令。

程序如下：

（1）送祭村代表向所有来宾观众致欢迎词；

（2）鸣礼炮三响，恭禀城隍尊神准备起驾；

（3）擂鼓三通，鸣金三点，长号三声，奏乐；

（4）为尊神拂尘洗漱（由两位女士服侍）；

（5）燃烛香焚黄钱（由送祭村文武祭官礼行）；

（6）文武祭官敬献茶羹；

（7）送祭村主祭人诵祭文；

（8）诵祝词；

（9）送祭村礼宾代表全体村民拜别尊神；

（10）迎值村举行恭迎典礼，请各位礼宾预备，司仪

恭送方礼宾

信众为尊神拂尘整衣

恭送方礼宾行祭拜礼仪

恭送方礼宾诵读祭文

恭迎村礼宾祭拜

恭迎村文官祭拜

恭迎村武官祭拜

文、武祭官抱主于怀迎神回村

抬城隍爷上轿

先生接祭（双方司仪相对致礼接替续祭）。

　　7.（迎值村司仪开唱）礼宾肃立、正冠整衣（准备进行迎祭典礼）。

　　8.（宣布）某某村恭迎都府城隍盛典现在开始。

　　（1）文武祭官神前就位（正引、陪引领导）；

　　（2）礼乐三通：一通乐起（奏乐）、二通乐响（奏乐）、三通乐止（奏乐、停）；

　　（3）主祭官（文官）正冠整衣；

　　（4）燃烛上香（正通递烛香）、祭酒三杯（正通递酒）、正通恭告"上香祭酒已毕"；

（5）敬献茶羹，主祭官就位，献茶、献羹（陪通递茶羹），陪通恭告"敬献茶羹已毕"；

（6）诵祭文、供文、诵文、复位，陪读恭告：诵文毕焚文；

（7）焚文；

（8）接交神器物件、案卷、金印、档册；

（9）致答谢词；

（10）启神主（牌位）。文祭官就位、启主于案、抱主胸前、移主于亭，正读恭告：神主安妥；

（11）护扶城隍夫妇神体上轿，正读恭告：神体安妥；

（12）启轿、鸣礼炮启程，城隍金身起驾某某村。

四、安神仪式

1. 迎祭队伍回村后，先在庙外举行入庙仪。

（1）请执事们安落神轿；

（2）乌鞘长鞭清场；

（3）鸣礼炮三响；

（4）奏安神乐曲；

（5）香案进庙；

（6）日照子绕场一周进庙；

（7）万人伞绕场一周进庙；

（8）背行李老翁绕场一周进庙；

（9）恭抬城隍神轿绕场一周进庙。

抬城隍婆上轿

迎神回村

2. 庙内安神仪式：司仪一人，礼案两人。

(1) 文武祭官就位，礼宾就位（前二后六，文左武右，礼宾在后）；

(2) 扶护城隍神金身落座；

(3) 稳祭案；

(4) 主祭人敬香，献茶；

(5) 鸣礼炮，奏乐；

(6) 恭读榜文；

(7) 咏读祭文；

(8) 致贺词；

(9) 焚黄钱；

(10) 礼毕，善士进香，恭贺迎祭仪式圆满成功。

（送迎城隍大典程序、礼仪，可因时因地制宜，只要文化皆妥）

诵读安神祭文

第六节　日常祭祀仪式流程：陪护城隍、入烟和贺寿、
　　　　会城隍

　　除了正月当日盛大的迎祭庆典，城隍神在日常还有系列祭祀活动，主要包括陪护城隍、入烟和贺寿、会城隍。

一、陪护城隍

　　从城隍神迎进村子的这一天起，全村人要挨家挨户轮流值守陪护，直到来年下一个村子迎接走。这个活动被称为"守爷"，守爷的人被称为"守爷人"。守爷人的

迎神回村安神祭拜

守爷的村民

职责第一是"续香火",保证城隍香火不断;第二就是服侍城隍夫妇的起居。城隍和其他神灵不同,他不但有夫人,还要有庙里安置他们夫妇的床铺,以及洗漱用具、生活用具等。"守爷人"每晚要给城隍夫妇铺好床铺,放下床帘,敲铜盂一声说道:恭请城隍爷、城隍婆就寝。第二天早上,再敲铜盂一声,说道:恭请城隍爷、城隍婆起床。将城隍夫妻起床洗漱脸盆、牙缸、毛巾摆放妥帖,倒入清水,后打起床帘,把被子叠起来,舒展床铺。每日必须要打扫卫生等,天天如此。

守爷须知

1. 守爷人员必须按时上班，並及時传递不得有误。
2. 每天下午八点交接手续，白天庙内不能两人，晚上必须两人在庙内守爷。
3. 守爷人员必须注意庙内安全。防火、防盗、防触电，並及時打扫庙内外卫生，经常保持庙内外整洁。
4. 守爷人员每天早上按時给爷梳洗，並整理好被褥，然后敲磬三响，燃烛三根，虔诚跪拜。
5. 守爷人员必须看管好庙中财物及树木，若有丢失或损坏，民乐总会要追究当班守爷人的责任。
6. 麻将4付、麻将桌4张、方凳4个、软凳8个、骒凳2个、长凳3个、椅子3把、长方凳1个。
7. 守爷期间發现在庙内打架、斗殴、或有意损坏公物的守爷人员应坚决制止，並立即向民乐总会报告。
8. 以上须知，請守爷人员自觉履行自己的职责和义务，一心一意把守爷工作做好。

富村民乐总会庙管组

2011年正月十五日

为城隍进香的信众

二、入烟和贺寿

户县的三个城隍，不光是迎接盛况空前，还要人们为他们入烟贺寿，其热闹程度亦颇可观。"入烟"在该村接回城隍的当天晚上，各村的善男信女，前来烧香、膜拜、庆贺城隍神入住新殿，和人们住进新房乡党入烟祝贺一样。

三个城隍夫妇也有生日：大城隍是农历二月初八，夫人是六月初八；二城隍是正月十六，夫人是六月十六；三城隍生日是农历二月十六，夫人是六月初六。在这六个

为城隍进香的信众

生日的前一天，城隍所驻村的会首值班人役，派人铺好柴草，安排地铺、备足椅凳、低桌、烟茶、糖果等，并备好晚饭、夜半饭以及生日的早、午饭（与入烟同），更重要的是选派出精干的招待人员，务必不使前来庆贺的人受饿、受冷落。

凡是本社村的老人信士们，三三两两，也要于生日之前一天下午提着香笼，挂着拐杖，纷纷前来城隍庙烧香、看热闹，休息于柴草铺上。吃罢晚饭，有集中围坐念经的，有听居士劝善的、讲善书的，有听念曲子、唱道情的，有听自乐班唱戏的，有摇签问卦、供符求药的，还有遇见亲人说家常的，应有尽有，络绎不绝。大城隍的二、六月两个初八，大王镇很少有人上集，卖小吃的也都来了。人称大王镇"三八"（连腊月初八）没集市。其贺寿情景之盛，真可谓万人空巷。

三、会城隍（也称"报赛会""十月会""跟头会"）

三个游城隍的农历十月冬会都在十月期内，大城隍较为固定，每年农历十月十五起会，会期五至十天不等，庙会期间大戏、神棚（行辕）、摆祭必不可少。游城隍没有固定的庙祠（也有村庄专建的城隍庙堂殿），每到一村都可寄居在无论道教、佛教的寺庙正殿之内。每逢会期，轮值村都必须另选开阔场地搭建神棚（行辕），神棚门外应有纸扎狮子一对，门官大人两位（高达两丈上下），分列门外左右，宫灯高悬，亮如白昼，威武壮观。安置城隍夫妇端坐神棚之内，享受祭祀和乡民祭拜。城隍夫妇男左女右安座神棚正中上位，城隍爷高冕贵冠、蟒袍玉带，城隍婆凤冠霞帔、容华绝代，尽显庄重威仪，栩栩然宛若生容。这就叫"十月会爷出庙"，是一项传统定制。摆祭在棚之内，神位正前，一般祭案宽逾五尺，长达两丈开外。

祭品有普通祭和古董祭之分。普通祭有：

五牲：牛头、羊头、猪头、鸡、鸭。

祭祀城隍的牺牲及祭品

五土：生姜、花生、莲藕、芋头、红薯。

五鲜：香蕉、猕猴桃、菠萝、苹果、葡萄。

五药：人参、党参、百合、山药、枸杞。

五干：桂园、大枣、核桃、栗子、瓜籽。

五色：红山楂、黄橘子、绿豆糕、白糖、红糖。

五海：鱿鱼、海参、虾米、十花菜、带鱼。

五粮：麦面、玉米面、荞面、豆面、米面。

等等种类、不一而足。

古董祭有：奇珍异宝、铜镜、铜鼎、玉器古玩、金银饰品等。神棚四壁挂满古今中外名人字画、大家书法、中堂对联，目不暇接，彰显村堡深厚的文化底蕴。

四方善男信女，神前顶礼膜拜。香烟缭绕，纸灰飞扬，熙来攘往，观者如云。钟声、鼓声、磬声、乐声、杂糅相和，不绝于耳；灯光、烛光、焚表光、烧纸光，光焰闪动，尽夜不熄。

神棚里还要请僧、道、居士，在棚内焚香、燃烛、敬神、诵经、设坛、搭醮，更有登法台，超度亡魂，救济饿鬼。神棚前面，张贴黄纸榜文，以城隍口气训饬枉死亡魂。听着悠扬的笛声，信众的欢笑声、喜唱声、鼓声、锣声，是乡村的盛景。

神出庙：巡游村堡街巷，体察民情降福祉，安坐行辕办案，亲近百姓排疑难。仪礼略简单于迎祭，在全村所有大街小巷巡游，为村庄赐降吉祥，震慑邪恶。

会城隍时，要在神棚（行辕）附近搭建戏台，唱大戏五至十天，每日一到两台，且因为城隍是阴司之主，戏文内容多和皇帝相关。大村时有对台戏，人头攒动，如潮水一般。此外，各种民间艺术活动都有赶会的习俗。有念曲子、唱道情、唱自乐班的艺人们，各路杂耍在会期都会不约而同前来演唱助兴。近些年，会城隍时，轮值村庄还会举办附近村庄的广场舞展演比赛，幼儿园小朋友时常也会来歌舞助兴。

第三章　西安市鄠邑区北乡三位城隍神的生平事迹及相关民俗资料

　　城隍活动在西安市鄠邑区北乡的乡民口中被称为"接爷"，乡民在称城隍神灵时也常常称之为"爷"。实际上神灵爷这种称呼在西安民间是十分常见的，此时的"爷"读作"夜"。"爷"是男性神灵，相应的，女性神灵被称为"婆"或者"娘娘婆"。俗信认为在很多地方都能找到这种称呼的痕迹，例如，最常用的"老天爷""阎王爷"这样的称呼，还有"天王爷""城隍爷""灶爷""福王爷""井王爷""马王爷""土墩爷""魁星爷""楼王爷"，等等。

　　"爷"，在现代汉语仍可以作为对佛或神灵的称呼。应当提到的是"爷"的诸多用法，如作为对长辈和年长男性的敬称，以及对官僚和地主的称呼来使用，充分说明"爷"这个称呼含有遵从、敬仰，不敢轻易冒犯的意味，同时也包含有一种来源于血缘图腾式的亲近。

　　这种称谓上的亲近，可能是来源于被称为"爷"的这些神灵的职能对于民众生活的贴近和重大影响力。被称为"灶王爷"的灶神，是家神中最受尊敬的神灵，他除了掌管人们的饮食、赐予生活上的便利和富足、还负责监察一家人的善恶，作为天上与人间的沟通桥梁，被供奉在一家的灶房里。财神，被称为"财神爷"，能保佑经商之人生意昌隆，对于民众生活至关重要，也受到普遍供奉，其香火之旺，有时会超过灶神。"土地爷"，又称为"社公"，也是与民生息息相关的神灵。几乎每个村子都会有土地庙，或是其神龛。土地爷的形象慈眉善目，银须白发，他能保佑五谷丰登、六畜兴旺、招财进宝、合家平安，深受人们的爱戴。"门神爷"贴于大门左右负责驱鬼辟邪；"井王爷"和"龙王爷"司掌普降甘霖；"马王爷"保佑饲养在槽头的牲畜平安；文武圣人除了保佑的职能，更有为士子文人或是习武之人树立榜样之意，担负着向广大群众宣扬礼义忠信的任务，同时也寄托着人们对先哲的怀念与敬仰。武圣庙常常被称为"老爷庙"，也有尊敬亲近之意。而"药王爷"，是人们对有高超医术者的崇敬和神化，如孙思邈、张仲景等都被尊为"药王爷"，其与民众生活的亲近之意不言自明。"爷"一字亲切自然地表达了群众的爱戴之情。

城隍是道教所传的守城之神，与人民生活关系重大，亲近之意也不言而喻：或是在沟渠逐渐变为护城河之后由村落保护神"水墉神"升格来的城市保护神，或是爱民报国道德楷模逝后所封之神，或由当地忠君爱民榜样成为

会城隍大戏

的人格神。接爷、迎爷、一个亲近的称呼正体现了乡民对
于正直人物的拥护爱戴，希望其在死后为神、继续守护这
方土地的美好心愿。

第一节　大城隍：纪信

　　纪信（公元前？－前204年），秦汉之际刘邦帐下的一员大将。关于纪信的事迹，史书无传，记载不多，集中见于司马迁《史记》的《高祖本纪》和《项羽本纪》及班固的《汉书》。

　　沛公旦日从百余骑来见项王，至鸿门……当是时，项王军在鸿门下，沛公军在霸上，相去四十里。沛公则置车骑，脱身独骑，与樊哙、夏侯婴、靳强、纪信等四人持剑盾步走，从郦山下，道芷阳间行。^①

　　项王之救彭城，追汉王至荥阳，田横亦得收齐，立田荣子广为齐王。汉王之败彭城，诸侯皆复与楚而背汉。汉军荥阳，筑甬道属之河，以取敖仓粟。汉之三年，项王数侵夺汉甬道，汉王食乏，恐，请和，割荥阳以西为汉……汉将纪信说汉王曰："事已急矣，请为王诳楚为王，王可以间出。"于是汉王夜出女子荥阳东门被甲二千人，楚兵四面击之。纪信乘黄屋车，傅左纛曰："城中食尽，汉王降。"楚军皆呼万岁。汉王亦与数十骑从城西门出，走成皋。项

①（汉）司马迁．史记 [M]. 长沙：岳麓书社，1988：83-84.

王见纪信，问："汉王安在？"曰："汉王已出矣。"项王烧杀纪信。[1]

夏四月，项羽围汉荥阳，汉王请和，割荥阳以西者为汉。亚父劝项羽急攻荥阳，汉王患之。陈平反间既行，羽果疑亚父。亚父大怒而去，发病死。五月，将军纪信曰："事急矣！臣请诳楚，可以间出。"于是陈平夜出女子东门二千余人，楚因四面击之。纪信乃乘王车，黄屋左纛，曰："食尽，汉王降楚。"楚皆呼万岁，之城东观，以故汉王得与数十骑出西门遁。令御史大夫周苛、魏豹、枞公守荥阳。羽见纪信，问："汉王安在？"曰："已出去矣。"羽烧杀信。而周苛、枞公相谓曰："反国之王，难与守城。"因杀魏豹。[2]

前一则记述纪信曾随刘邦赴鸿门宴，仗剑护驾，帮刘邦逃回汉营。后两则是纪信人生煞尾最浓墨重彩的一笔，于荥阳之战中扮刘邦诳楚诈降、被项羽火焚。此外北宋司马光所著的《资治通鉴·卷第十·汉纪二》《乾隆荥阳县志·卷四·职官志·汉守将·纪信》均有记载。同样在《长安县志·王曲城隍庙会》也记载了荥阳之战纪信

---

① （汉）司马迁．史记 [M]．长沙：岳麓书社，1988：87-88．
② （汉）班固．汉书 [M]．北京：团结出版社，1996：9-10．

替死的故事："相传楚汉荥阳之战中，汉将纪信假扮成汉王，解救刘邦出围，致被项羽烧死。刘邦得天下后，封纪信为十三省总城隍，在长安王曲建庙立祠，每年农历二月初八祭祀，后遂成庙会。"在田野调查中，对于这个委婉动人的忠烈事迹，乡间老人们最喜谈说。以下是根据口述材料整理而来。

汉公元前206年十月（秦历以十月为首，接着是十一月、十二月、端月、二月到九月岁终），沛公刘邦率军至灞上，秦王子婴出降，刘邦进入咸阳后，采纳樊哙、张良的意见，封闭了秦朝的府库，把军队撤到灞上。十一月，他与诸父老约法三章："杀人者死，伤人及盗抵罪"，秦朝

迎城隍社火《鸿门宴》

的严刑苛法一律废除，从而赢得了民心，提高了声誉。同时，他还接受部下的建议，派兵扼守函谷关（今河南灵宝东北）。十二月，项羽率大兵40万攻破函谷关，引兵至戏，屯兵鸿门（戏和鸿门均在今陕西临潼县东北），准备杀死刘邦。当时刘邦只有10万兵，军事力量上处于劣势，为了避免与项羽交锋，听取了张良的意见，去鸿门向项羽谢罪、言和求好。在向项羽说明虽然有怀王"先入定关中者王之"的约定，但在入关破秦后未敢轻动，立即封府库、废苛法和约法三章等情后，项羽转怒为喜，设宴相待。席间项庄舞剑，欲杀刘邦。此时，张良令樊哙入席，保护刘邦。刘邦乘项羽与樊哙谈话之机，离席如厕。张良叱樊哙出，自己随出，劝刘邦速回灞上。在这紧急关头，

迎祭城隍队伍中的城隍故事

纪信和樊哙、夏侯婴、靳强力保刘邦从间道飞快逃出，返回灞上，脱离了险境，使刘邦转危为安。端月（即正月），项羽召集会议，大搞分封，自立为西楚霸王，封刘邦为汉王，划给他遥远闭塞的巴、蜀、汉中为封地。

公元前205年三月，刘邦在基本平定三秦以后，趁项羽都城彭城空虚之时，引各路诸侯兵56万人攻取彭城。项羽立即率大军进行反攻，大败汉军。公元前204年四月，项羽派兵围攻荥阳城，月余，城内粮缺，朝不保夕，将士也精疲力竭，刘邦十分着急。五月，将军纪信见情况十分危急，便对汉王说："事急矣，臣请诳楚，王可以间出。"在得到刘邦同意后，由陈平写了降书，派人送交项羽，说汉王今夜便出东门投降。到了半夜，城内两三千名妇女从东门鱼贯而出，络绎不绝，楚兵都拥至东门看热闹。刘邦便乘机在张良、陈平、樊哙、夏侯婴等数十骑的保护下从西门逃出，逃往成皋。待东门上几千妇女走完，天已经亮了。这时装扮成汉王模样的纪信，端坐在一乘龙车上，黄屋左纛，前遮后拥，楚兵以为是汉王出降，欢喜若狂，高呼万岁。项羽出营审视，见车上端坐者不是刘邦，便问："你是何人，敢冒充汉王？"纪信答道："我乃大汉将军纪信。"项羽又问："汉王在哪里？"纪信说："早已离开荥阳了！"项羽气极，下令将军齐集火炬，烧毁龙车。纪信所坐的龙车和全身被烈火烧着时，还大骂项羽弑义帝、杀忠臣，绝无好下场，必被汉王所擒。纪信被烧死后，埋葬在荥阳城西孝义堡。

公元前202年刘邦统一全国建立政权后，便于第二年将纪信家乡从阆中县分出，建立"安汉县"。598年（隋开皇十八年）改安汉县为"南充县"。621年（唐武德四年）又将纪信家乡从南充县分出，新置西充县。故纪信为今西充人。由于纪信为保刘邦安汉立下了不可磨灭的功勋，后人立庙以祀，至今西充县紫岩乡留存着"扶龙沟""走马岭""歇马桥""望乡台"等纪信遗址和纪公庙，"将军神宇"为西充八景之一。

汉代文、景二帝时期，为了巩固统治，顺应民心，"地皇"庙改为"城隍"庙，纪信也升了官，由地皇神变为城隍

迎祭城隍队伍中的城隍故事

神，主持阴曹地府和长安城事务。随后历代王朝对纪信都有追封：宋封"忠佑安汉公"；元封"辅德显忠康济王"；明封"忠烈侯"，王曲城隍神纪信成为十三省总城隍神。纪信替死成为"兴汉第一人"，在历史上奠定了至忠至义的伟岸形象，成为世代歌颂的忠义代表，后世时有题诗撰文、歌功颂德，缅怀先烈。①

————————

①西晋著名文学家、书法家陆机说："纪信诳项，轺轩是乘。摄齐赴节，用死孰荣。身与烟消，名与风兴。周苦惝慨，心若怀冰。刑可以暴，志不可凌。贞轨偕没，亮迹双升。帝畴尔庸，后嗣是膺。"唐尚书右丞卢藏用曾作过《吊纪信文》："感将军之发愤兮，壮大义之在兹，仰前修以砥节兮，顾车回而马迟。呜呼！身既焚兮业既昌，楚歌绝兮汉道光。君不旌兮史不扬，功不录兮殁不殇。奄孤坟以载葬，抑千祀而为荒。"唐代画家、书法家薛稷说："若同义变力，古人中求，则纪信诳项以免君，王经刭颈以纾国。"唐代诗人胡曾说："汉祖东征屈未伸，荥阳失律纪生焚。当时天下方龙战，谁为将军作诔文。"宋代果州南充郡郡守邵博在《纪将军庙碑记》中说："汉高帝之兴，有天命哉。方困困于荥阳，其势甚危，一时谋臣多亡去者，独将军死焉，呜呼！古固有死，贵成天下事也，若将军之死……"宋果州太守杨济有感纪信诳楚成汉，书刻"忠义之邦"四字于南充城西金泉山。北宋书法家、政治家文彦博论："死节古来虽有矣，大都死节少如公。"明监察御史卢雍于1518年（正德十三年）秋九月过灵泉寺（今岳池县秦溪乡八角井），作《忠义之邦赞》镌刻于驿道旁边石壁上。赞文曰："顺庆名忠义之邦，重纪信之节也。监察御史东吴卢雍为之赞。道经灵泉，僧摩崖请题。按察司佥事刘金德曰盍书是赞，从之。巴人旧封，安汉故地，屹为巨邦，号称忠义。维昔纪信，委质高祖，荥阳围困，乃请诳楚。脱王之厄，甘焚其身，岂不爱身，义重君臣。炎汉开基，信功维元，当时不录，帝亦少恩。大节精忠，皎如日月，邦有若人，允矣豪杰。忠义之理，人心同具，百世而下，孰不歆慕。贤士辈出，民俗淳美，将军之风，使人兴起。我秉宪节，同爱咨询，爰作赞词，以示邦人。"明西充知县马腾云竖"汉将军纪信故里"碑于今西充县木角乡黄桷垭。清西充县令李棠在《题纪将军庙》云："汉业艰难百战秋，焚身原不为封侯，敢于诳楚乘黄幄，遂使捐躯重泰丘。隆准单骑从此脱，重瞳双眼笑谁酬？天今荒草空祠宇，一片忠魂万古留。"

定舟村接城隍诗语

城隍纪信

纪信汉初英勇将，家居户县纪家庄。
楚汉中原交恶仗，荥阳替主命身亡。
天下统一国泰宁，烈魂敕封尊城隍。
十九村堡永怀念，岁岁迎送忠贤良。

鸿门护驾

项羽设摆鸿门宴，四员大将护刘邦。
英智纪信又樊哙，勇猛夏侯加靳强。
项庄宴上假舞剑，张良多谋早预防。
英雄护驾出营帐，保主平安到灞乡。

荥阳殉国

楚汉相争古战场，荥阳受困汉中王。
陈平张良谋略广，设计献玺假投降。
霸王发觉顿生怒，火焚纪信一忠良。
汉军遁逃成皋地，誓灭项强整军装。

名列青史

选才选将选贤尚，韩信官封三齐王。
训练精兵勇猛将，乌江岸边霸王亡。
开国宴会论功赏，思念纪信痛肝肠。

封隍封王表心意，英灵名列青史章。

作为如此特殊的一位城隍神、纪信在人们心中自然有着独一无二的地位。人们不仅为他作诗、更为他编写戏文、以此来体现他的地位。

天下第一城隍颂

纪信祖籍户杜县，纪家庄上有家园；
故里高踞郿坞岭，扼守京畿大秦川。
幼读诗书把武练，正直勇敢侠义胆；
位卑未敢忘忧国，凛然正气冲霄汉。
从军举义保汉室，智勇力挽鸿门宴；
汉王封赐八百侯，纪公恩泽渭水畔。
荥阳鏖战三月整，慷慨赴义殉国难；
生为英雄暨圣贤，逝封城隍一品官。
全国城隍数十位，惟公官高职位显；
人格城隍为鼻祖，人神易换神自然。
天皇地皇封王爵，黄袍加身佩王冠；
当朝现世阴阳界，君王之下他全管。
西京长安京畿地，西北诸省府州县；
王曲神辖十三省，各地城隍附神龛。
华夏纪庙数百院，遍布神州多大半；
职位层次品位繁，都府州县芝麻官。
杜亭一域村堡寨，民间自发结社缘；

故土英烈要祭念，顽强抗争破篱樊。

市镇城隍多树建，农村堡寨亦可然；

轰轰烈烈巡游祭，大张旗鼓扎行辕。

推举纪公为神首，下里巴人开盛典；

官高位显接地气，村堡小庙无怨嫌。

巡游城隍为创举，农耕草民破特权；

疆域古今第一例，独树一帜八百年。

省市颁发遗产证，城隍文化再展现；

游祭城隍原生态，弘扬传统树典范。

中华美德世代传，承前启后千万年；

树立社会新风尚，多为人民作奉献。

政通人和扬正气，民富国强倡清廉；

风调雨顺百业兴，国泰民安满宇寰。

城隍（纪信）开场戏既定唱段（称神戏）

1. 开场鼓乐：演戏社团文武场面奏乐。

2. 祭神献礼：舞台正中摆置神案，供神主位，祭香烛，演员上场祭拜施礼。

3. 高唱：家住鄠坞纪家庄，忠心耿耿保汉王，荥阳一战把命丧，封吾都府为城隍。

4. 念白：吾乃都府城隍纪信是也，户县纪家庄人氏，夫人赵氏，什王村民籍，与吾同甘共苦，举案齐眉，女中英贤。楚汉交兵，汉王刘邦被项羽围困荥阳城中，是吾身替汉王、诈降诓楚、被项羽火焚身亡、汉王念吾忠烈、恩封都府城隍。今为吾（当）盛会之日，吾（当）与民同乐、护佑封地百姓、祈愿天下太平、巡视已毕、祝福大汉神州，万岁、万万岁。

5.赐福：（唱）吾是户杜大城隍、护佑封地无灾殃：风调雨顺财源广、国泰民安福寿长。

6.回行辕：落幕（注：农耕文化中、诸如土地、后稷、牛马王等神之祭会、皆循古例、每有戏庆、首唱神戏开场）。

第二节　二城隍：韩诚

　　户县的二城隍社奉明代开国名将韩诚为城隍。韩诚是韩村人，他尚武好义，好打不平，除暴安良，正义勇敢，深受乡邻群众敬佩和拥戴。因领导农民抗粮、抗暴斗争，遭官府追捕，被迫出走安徽等地，跟随明太祖朱元璋起义，推翻了元朝，不幸在统一全国的战争中与陈友谅部作战，于洞庭湖侧康郎山壮烈殉国。明太祖念其忠勇正直，追赠敕封为"尚阳忠壮侯"和"府城隍"。其夫人杜氏，户县李伯村南堡人，为人善良贤惠，明太祖封赐"诰命夫人"①。自明洪武十年（1377年）接受户地庶民迎祭。

恢复二城隍迎祭寄语

三才天地人，三界以人分。

三教不是神，诸神全是人。

城隍为韩诚，韩诚忠义人。

① 陈昌利. 东韩村的历史沿革与历史名人 [EB/OL]．http://blog.sina.com.cn/s/blow61b4ca190100ewf4.htm1,2009-08-27/2014-03-16.

神鬼在人间，行为看得见。

为善人称神，作恶叫鬼魂。

神鬼是褒贬，世人多行善。

第三节　三城隍：张宗孟

三城隍社奉明代崇祯元年进士、授户县县令、山西人张宗孟为城隍，夫人王氏，三旗村人。

张宗孟，字泗源，山西定襄人，明崇祯元年进士。崇祯八年(1635年)任户县知县，连续三任共八年。据清康熙二十一年(1682年)康如琏所编《户县志·名宦》载：张宗孟"廉以洁己，慈以惠下。与人语、煦煦可亲，而阶庭肃穆，胥吏奔走无错址，粮不征而足。其他诸台别有征调、即疾声而呼、不为应、终不忍屈吾民以供逢诿、左师兵过（左良玉所率镇压农民起义军的军队），各处俱进城、公拒之、一切供亿俱置城外、扃其门"。这段记载，不无溢美之词，但在封建官吏中，张宗孟当属主张轻徭薄赋的循吏。他在职期间，于县城中心建起钟楼，重修文庙大成殿，重修渼陂，开拓吕公河，修涝店以东之三里（中原、渭曲、兴仁）河，增补《户县志》。

张宗孟不仅是难得贤德俭廉之臣，更是因执政爱民、不计个人得失，而备受百姓交口称赞。明张弘襟在《邑侯张公建文昌阁记》中写："数年以来，流寇窃发，居人震荡，迁徙不宁。是时，适我邑侯定襄张公来莅兹邑。以为不遑之徒、飘风骤雨、难与争锋、吾独可以固吾围耳。于是下令，邑人各于险塞筑堡，团结保甲，呼吸响应。又于县城四隅筑为敌台，间以悬楼。城门又各为高楼，冠于其上。于凡守御之备，纤悉必具。寇来野无所掠，攻城不敢，人恃以安。公犹居恒，深念以为彼方狡计百出，窃规可虞。又况城楼列峙，中心无主，必至地脉散越，人文不振。议建文昌阁于城之中，以镇之。过余而语其故，且曰：任劳任怨，所不敢辞，第恐民力已疲，无以应也。余曰：此举实户百世之利，佚道之使谁其后之。公议遂决，乃鸠工庀材创建。有曰：户之士民，知公之为已动也。富者输财，贫者效力，欣然赴役，略无龃龉。公又心计腹画，创为成规，躬操绳墨，指授方法，立为程期，数月而竣。不愆于素，高阁嶙峋，上薄云汉。缘以栏楯，周为复道。"由此可见，张宗孟在来到户县之后，一直为百姓谋福利，将百姓的利益放于第一位。他为户县人民重修渼陂湖，更是在抵御李自成起义之事上发挥了重大作用。在张宗孟看到鄠邑因农民起义频发，百姓流离失所、无家可归，生活陷入巨大困境之后，更是激起了他想要为一方平安繁荣竭尽全力的信心。

崇祯九年（1636年），知县张宗孟创立团堡，自志其事曰："不佞莅任时，贼寇遍三秦，而鄠县特甚。野无所庇，只得望城为归。然民之愚也，寇逼门庭，始踉跄奔蹶，逃遁不及，辄膏贼斧。凄魂号月，磷火飞原，举目遥

眵、寸肠几裂、不禁泪霆霆下也。乃聚诸父老谕之、与其
望城为庇、何不人自为庇？建堡则人自为庇矣。首事于曲
抱村、亲与画批图形。民皆踊跃争先、不日告竣。复谕之
练乡兵、立团长、设火器。四乡相继版筑纷起、其制悉如
曲抱村。于是遍野皆城、贼七过鄂而无隙可乘、民永赖以
安。诸父老相率请命其名、不佞因其首事于西也、遂由西
而南而东而北、总其额曰永、保、安、宁、愿与吾民世世
倚之。"在张宗孟的另一篇文章《重建渼陂记》中也有关
于鄂邑建筑城堡的原因："余任户时、即有寇警、于是四
乡建堡、使民避贼锋。去城西三里为陂头镇、有高阜、上
有空翠堂。按其地可拒寇、因建堡潴壕。"在这篇张宗孟
初来鄂邑的自传中、我们也可以清晰地看到户县当时的社
会局势。面对农民起义军对鄂邑的残害、面对百姓四处逃
窜、颠沛流离的破败景象、张宗孟经过对户县县城的细致
考察、发现城西的曲抱村、在地理位置上因为地势较高、
四周没有其他事物遮挡、视野开阔、是一个十分有利的军
事防御地理位置。因此、张宗孟最终决定在城西陂头镇曲
抱村建立堡垒、抵御李自成所带领的农民起义。在确定
曲抱村这一位置后、张宗孟亲自绘图设计堡垒、广大百姓
更是踊跃加入修筑堡垒的行列当中去。双柏堡的城墙高三
丈、底宽一丈五、顶宽七尺、周长两千五百步、正方形、
四面各有城门、城楼、是名副其实的"跑马城"。城墙是方

的、上顶蓝天是圆的、天圆地方，载圆履方皆自然天道；人居中间，上承天道下践地理，天、地、人真乃是宇宙的形状。堡子四外的墩台，战时举火为号，保境安民。平时象征四维，维系城堡安稳，不致倾斜覆翻。鉴于双柏村民殷村大，须修筑一等城墙。村人经过3年苦熬，城墙竣工。不仅如此，先辈们不揣冒昧仿了省城的形制，把东、南、西、北四门，分别称作青龙、朱雀、白虎、玄武。后堡子人图简便，叫作龙门、雀门、虎门、武门。完工后，张知县带领属员亲临视察，环城四周，不禁赞道："真乃干城堡垒也。"而双柏村也因此改称双柏堡，沿袭至今。户县修筑城堡抵抗流寇的历史自此而起。

张宗孟在任期间轻徭薄赋，修建钟楼、重修文庙大成殿，修渼陂，开拓吕公河，修涝以东三里（中原、渭曲、兴仁）河，建城修楼，办团练，扼守户县城。政绩卓著，百姓拥戴，于钟楼东南向为其建张公祠，雕以木像，邑人祀之。后落籍户县秦渡镇溽沱村有张之后裔，北稻务东有其墓，墓径5米，高2米，坟地一亩，墓前原有石碑一通。百姓感恩戴德，年节焚化纸钱。大清康熙帝敕封其为城隍，夫人王氏，户县三旗村人，配享祭祀。

下编　现代功能

"文化自信是一个国家、一个民族发展中更基本、更深沉、更持久的力量"，正是在这样背景下，党的十九大报告向全党全国人民发出"坚定文化自信，推动社会主义文化繁荣兴盛"的伟大号召，报告指出："没有高度的文化自信，没有文化的繁荣兴盛，就没有中华民族伟大复兴"。[①]中华优秀传统文化是构成我们文化自信的三大源泉之一[②]，乡村是中华传统文明的发源地，是孕育滋养文化自信的沃土。所以，乡村文化是乡村振兴的灵魂，是持久、深厚的乡村发展根本性动力源泉。西安市鄠邑区北乡迎祭城隍民俗活动正是乡村优秀传统文化的典型代表，三个祭祀圈几乎囊括了整个鄠邑北乡，成为区域参与人数最多的乡村民俗活动。从微观层面来看，乡民的深度参与对其人格构成、道德塑造、能力视野具有极为有效的提升和建构作用；从中观层面来看，每一个村庄作为轮值村主祭城隍神一年，是村庄基层民主政治、集体荣誉感、村庄发展理路的展现和再构；从宏观层面来看，它的延绵持续、盛大热烈必然对区域文化的建构具有全局性的影响，昭示着乡村文化建设的前进动力和宏伟蓝图。

---

① 习近平. 在中国共产党第十九次全国代表大会上的报告 [EB/OL] . http://www.china.com.cn/cppcc/2017-10/18/content_41752399.htm.

② 张晓光. 文化自信的三大源泉 [J]. 前线. 2016 (12)：17.

第四章 西安市鄠邑区北乡迎祭城隍民俗活动内生动力

西安市鄠邑区北乡迎祭城隍民俗活动在辗转延绵之间，已经浸染了岁月的沧桑，它如同年轮一般周而复始地洋溢在这片土地上，与时俱进、历久弥新，一直涌动着独特饱满的精、气、神。那么推动这场盛大乡村民俗不断发展的动力根源在何处呢？

第一节　集体记忆：美化与连接

在三个迎祭圈村庄作田野调研的时候很容易感受到，无论与任何一位乡民展开迎祭城隍民俗活动的话题，他们都能有自己记忆分享给你，话题涵盖个人到村庄诸多方面，如他们在迎祭中做了何种工作、怎样排练、村子迎祭庆典何等热闹、观看人群摩肩接踵等，即使从未参加过的青少年，也能从长辈言传和春节的观看中，共享这一盛事的记忆，将无数分享者的记忆重叠、浓缩、发酵，构成了迎祭城隍民俗活动蔚为壮观的集体记忆。

所谓集体记忆是享有同一信仰文化的人们构成的同质性群体，并由这一群体集体所保存的记忆，"集体记忆的创造和维持是一种动力性的、社会与心理相互作用的过程"①。因集体记忆的产生需要经过个体记忆的融合，那么必然会受到个体记忆的影响，然后在社会构建中增强同质性群体的认同感和向心力，从而也一定程度上影响着个体记忆。集体记忆内容虽然基于过往，但其作用更立足于"现在"，是拥有同一信仰符号的群体对过去全部认识事物、实践乃至情感的重新建构，所以它并非是对过去的恢复或完全再现。集体记忆理论的集大成者哈布瓦赫就认为："尽管我们确信自己的记忆是精确无误的，社会却不时地要求人们不能只是在思想中再现他们生活中以前的事情，而是还要润饰它们，削减它们，或者完善它们，乃至于赋予它们一种现实都不曾拥有的魅力。"②基于此，哈布瓦赫认为，集体记忆所关注的是人们的想法怎样在社会中得以整合，而不是简单地协商和调解,并且从中受到社会安排的结构性限制。

---

① James W.Pennebaker, Becky L.Banasik,1997,On the Creation and Maintenance of Collective Memories:Historyas Social Psychology,pp.1-19:Collective Memory of Political Events:Social Psychology Perspective.

② ［法］莫里斯·哈布瓦赫. 论集体记忆 ［M］. 毕然、郭金华译. 上海：上海人民出版社，2002：93.

大城隍社王守村迎祭城隍

　　鄠邑区作为具有区域性政治、经济、文化功能和战略意义的集合体，有集体认同产生的地域基础。它位于关中平原腹地三城交界处，临近古都长安，对外通往各大城市，对内深入乡村农户。且处于城市与村落的交界处，当下既受到现代化进程的深度影响，又一定程度地保留了传统村落组织结构与文化模式，这种地理位置的特点有助于集体记忆的留存。而迎祭城隍民俗活动对于鄠邑北乡五十余个村庄的乡民来说，深刻体现着集体记忆的性质和作用。世代累积的情感记忆形成区域内同质性群体、共享同一种信仰文化。因为共处同一社会环境中，乡民较容易对区域内大型节庆民俗产生强烈的认同感，从而使得集体记忆"能够深刻影响到社会运动过程中对于其成员的动员和调动"①。在田野访谈中，当问及再次参与迎祭城隍民俗活动的态度时，乡民们无不斩钉截铁地表示：当然要参与，这是传统，这是大事情。尤其是年长的乡民把再一次参与迎祭城隍民俗活动作为自己健康长寿的标志，往往特别喜欢回忆自己数次参与迎祭城隍民俗活动的亲身经历，讲述自己在民俗活动中的所作所为："恢复起来，头次迎祭，我那个时候刚三十岁，敲鼓，敲到上个村累得很，累得很，抬上爷看到这么多人看啊，劲头又上来了，一路敲打着回去了。晚上手臂疼啊，一直疼了一个多礼拜，但心里却高兴得很。"②可见这种回忆总是充满着温暖和激动，"记忆赋予社会的过去一种历史的魅力，把最美好、神圣的事物贮存在与现今相对的另一个维度里"③。所以，集体记忆虽然聚焦的是集体层面上的过去，但不能理解为是对过去的一种复刻，而是现实基础上的重构，甚至于美化。

---

① 艾娟、汪新建. 集体记忆：研究群体认同的新路径 [J]. 新疆社会科学，2011（2）：121.

② 访谈人：LQB；访谈时间：2017 年 8 月 6 日；访谈地点：西安市鄠邑区 H 村 LQB 家中。

③ 罗杨. 读哈布瓦赫的《论集体记忆》[J]. 西北民族研究，2011（2）：192.

集体记忆在迎祭城隍民俗活动中，体现出两种重要的构建功能。首先，强化了乡民在集体中的身份认同。对于群体共同体以及群体中的个体而言，集体记忆是强有力的"意义创造工具"，它"不但为个体界定和认同自己提供了一种非常必要的意义背景或情境，同时也为后继一代提供了维系认同的基础"。[1]集体认同很大程度上产生于集体（同质性系统）活动中，迎祭城隍民俗活动是区域复合意义交织而成的符号体系，在迎祭当天、入烟贺寿、陪护城隍、会城隍等诸环节中，整个村庄的乡民都进行着不同程度的参与，加深了迎祭城隍活动这一文化符号体系在乡民群体中的影响力，在传播过程中它们被重新理解、演绎乃至创造，从而使其一轮一轮在现实中得以生产、维系、修正和转变。乡民们通过扇子舞、锣鼓、社火等所织构的集体欢腾、节庆祭祀神灵的隆重仪式和护佑灵验，体验到城隍信仰与自我生命的切实联系，这些一以贯之的价值观和世界观得以在表演体验中被描述、强化和延续，使得乡民和一整套文化符号体系得以融合，对内认识和创造着自我，对外则认识和创造着乡村，从而使得村庄得以整合，

---

① 艾娟，汪新建. 集体记忆：研究群体认同的新路径 [J]. 新疆社会科学，2011（2）：121.

迎祭城隍中的锣鼓表演

秩序得以稳固，信仰得以传承。由此可见，在大型节庆民俗中乡民们强化着身份认同，并由此完成集体记忆的再生产，实现着集体记忆的代际延续。迎祭圈的乡民积极参与迎祭城隍民俗活动，在合作和互动中，改善了乡民与乡民，乡民与乡村的关系结构，并将其不断植入、加深到他们的经验世界，有助于乡民对村庄产生心理上的归属感和认同感，深化相互依存关系。

其次，集体记忆能够使得乡民彼此减少陌生感，从而增强村庄的稳定性和平衡感。在田野调查中，无论是随机与迎祭圈内的村民交流还是与附近的乡民谈论起迎祭城隍，他们都会多多少少给你说上一段。在迎祭城隍民俗活动骨干乡民的家中进行专访时，他的家人时常会参与到访谈中来。可见迎祭城隍民俗活动是乡民们共有的知识、共有的实践，从而也是他们共有的话题，这有利于集体记忆的产生与保存。围绕同一的文化符号体系进行的集体活动，乡民降低了因经济、文化差异产生的冲击对心理归属感的阻力，提高了乡民在乡村文化活动中的积极性和活跃性。迎祭城隍民俗活动牢固了文化纽带下的乡村稳定性，这种稳定性体现在只要群体没有离散或破裂，集体记忆就能够随着群体的发展而延续。

岁月叠加着集体的记忆，厚重着地方知识，乡民的个体记忆在共享性和参与性中各自完成关于迎祭城隍民俗活动的情感绘制，这种情感绘制闪耀在他们人生的记忆长河中。这种记忆既是他们美好人生的珍贵纪念，又因之实现着乡村各种关系的深度共生和互涉。

第二节　人性需求：安全、社交、尊重与自我实现的需求

　　鄠邑区北乡迎祭城隍民俗活动在各个村庄之间按年度轮流举行，除了集体记忆对它的推动作用外，还应看到这一大型民俗与乡民自身人性需求的紧密结合。这种人性需求不仅表现在物质方面，如会城隍时，乡民进行的繁盛物资交流，涉及商品类型包括服装百货、农具农药、种子树苗、特色饮食等一应俱全，其中大城隍庙会最为隆重，有时不单要占用村中的主要街道，还要延长到村外的主干道上去，来往购买休闲的乡民络绎不绝。其更表现在精神方面，下文将深入剖析这一点。可见，迎祭城隍民俗活动是集祭祀仪式、商品交易、感情交流多维一体的节庆民俗，与广大民众的经济生活、精神生活、文化休闲生活等各种公共生活密切相关，极大地满足了乡民在生产生活中的多方面需求。乡民对迎祭城隍活动广泛、积极的参与也暗合着马斯洛的需要层次理论，是人性需求和人类行为共性的反映。人的一生实际上都处在不断的追求之中，他们是不断有所需求的动物。[①]乡民广泛参与迎祭城隍民俗

---

① [美] 戈布尔. 第三思潮：马斯洛心理学 [M]. 吕明等译. 上海：上海译文出版社，2006：42.

活动渗透了善男信女的美好愿望与向往，盼望着祝祷和祈福的一切美好愿望最大限度兑现为现实，这使整个迎祭活动充满了神圣性。善男信女自愿参与迎祭城隍神活动的动机，与其自身成长和发展的内在力量紧密相关。这种动机是由多种不同性质的需要所组成的，各种需要之间，有先后顺序与高低层次之分；每一层次的需要与满足，将决定个体人格发展的境界或程度。马斯洛将人类需求像阶梯一样从低到高按层次分为五种，它们分别是：生理需求、安全需求、社交需求、尊重需求和自我实现需求。我们重点就后面四个层次进行分析。

一、安全需求

"安全需求"是在人的最低级别的生理需求得到充分满足后，出现的低级别的需求，如生命安全、生活稳定、免受痛苦威胁、免受疾病威胁以及对体制和制度的需求等。在参与迎祭城隍民俗活动的乡民中，出于安全的需求有两大类型，都归属宗教的范畴，是城隍神力的显现。一类是因为城隍神主管人间"岁之丰凶水旱，民之疾病祸福"，很多信众认为人的疾病来源于阴间力量的危害，欲求健康长寿，可以祈请城隍神的庇佑。因此，但凡遇到瘟疫爆发、大灾大难或者自身处于疾病、恐吓、焦躁和混乱等不良的状态之中时，人们都要拜祭城隍神，祈求消除灾病、病痛折磨，保护生命安全、使人身安全不受威胁从而得到身体和心理满足。另一类是自身虽处于安全环境之中，但因外界纷繁多变的事物干扰，心里产生不同程度的压力和危机感，祈求城隍神保佑其平安和顺。后一种安全需求构成了百姓参与迎祭城隍民俗活动的主导力量。现代社会飞速发展、科技日新月异，生活瞬息万变，人们在享受现代文明的同时，也被这种快节奏的生活所压抑，人与人的关系更加脆弱和容易出现裂痕。飞速发展也让我们对于未来充满了更多的不确定性，这些在乡民生活中表现得非常明显，这就使得乡民依旧具有心灵慰藉和释放的极大需求。宗教或者世界观把宇宙和宇宙中的人组成某种令人满意的、和谐的、有意义整体的倾向，均是出于安全的寻求。[①]善男信女对迎祭城隍神活动的广泛参与体现的正是这一点，安全动机自古至今的演变使得鄠邑北乡迎祭城隍民俗活动逐渐淡化了其原本捍卫城池的功能，乡民更多地从生命健康、生活幸福、消灾纳福的角度敬奉城隍神。

二、社交需求

"社交需求"是基于生理需求和安全需求上的较高层次

---

① [美] 亚伯拉罕·马斯洛. 动机与人格 [M]. 许金生等译. 北京：中国人民大学出版社，2007：24.

的需求，当人满足了基本的温饱阶段的需求，爱和归属的需求就会产生，这一阶段属于高层次需求的小康阶段，如对友谊、爱情以及隶属关系的需求。一个人会渴望同他人建立一种关系，渴望在他的团体和家庭中有一个位置，他将为达到这个目标而努力。[①]这种渴望促成了乡民社交需求的动机，表现为对迎祭城隍民俗活动的积极、主动参与。乡民在民俗活动中寻求自己的社交关系，并在其中使自己的价值得以充分地展现，从而成为真正意义上的社会化的人。

只要乡民参与迎祭城隍民俗活动，就会和其他乡民处于合作共处的关系中，通过共处的空间和活动，既有效地构成了民俗自组织的运行和管理的完善，又使得每位乡民都实现了自我的管理和完善，使得迎祭城隍民俗活动成为凝聚族群向心力的精神家园和维持社会秩序的纽带。在社交需求驱动下，一方面，乡民可以在参与城隍迎祭的活动中满足其社交需求，从小到人与人之间的沟通、参与活动的个体与组织的协调，大到在迎祭过程中，通过合作方式，乡民之间过往的矛盾得以化解，破除了其在社会化大

---

① ［美］亚伯拉罕·马斯洛. 动机与人格 [M]. 许金生等译. 北京：中国人民大学出版社，2007：26.

为城隍进香的信众

环境中的孤独感、疏离感，将其社会性充分地展现出来；
另一方面，这是乡民可以集体活动的社交，可满足沟通婚
姻、事业、家庭等方面的信息需求。可见，社交需求的动
机既可驱使乡民积极参与城隍神的迎祭民俗，同时其个人
需求也在活动中不断得到满足。

三、尊重需求、自我实现需求

这里把两种需求放在一起谈论，是因为在迎祭城隍
民俗活动中，两种需求扭结在一起、难分彼此，相互成
就，呈现出一种共生共荣状态。"尊重需求"属于较高层次

在锣鼓训练中愉快交流的村民

的需求，既包括对成就或自我价值的个人感觉，也包括他人对自己的认可与尊重，如成就、名声、地位和晋升机会等。除少数病态的人之外，社会上所有人都有一种获得对自己稳定的、牢固不变的、通常较高的评价的需求或欲望，即一种对于自尊、自重和来自他人的尊重的需要或欲望。[①]"自我实现需求"是最高层次的需求，属于需求层次的富裕阶段，包括对真、善、美的至高人生境界获得的需

① [美] 弗兰克·G.戈布尔. 第三思潮：马斯洛心理学 [M], 吕明等译. 上海：
上海译文出版社，2006：57.

求，对天赋、智力等能力的充分开拓。它在前四个需求的基础上产生，是一种衍生性需求。如自我实现，发挥潜能等。自我实现需求虽为最高层次的需求，但对其追求可以看作是人类的一种本能性的反应，因为人的基本需求一旦满足，新的欲望与需求就会衍生。那些生活在自我实现水平上的人，实际上是博爱的，并且是人性发展最充分的人。①

正是在两种需求的激发下，城隍迎祭活动中既有庄严隆重的祭祀礼仪，又有参与性广泛、丰富多彩的民俗活动。在社会经济日益繁荣的今天，生活节奏不断加快，人性的尊重需求和自我实现需求的迫切感也逐渐增强。迎祭城隍民俗活动中民俗表演最能满足人们实现人生价值并得到认可和尊重的需要。各类民俗表演具有鲜明的年龄层次性，使得乡民在其中总能找到自己感兴趣又乐于参与的民俗表演项目，这使得娱神民俗表演成为具有广泛群众性的娱乐活动。对于乡民个人来说，十几年一遇的迎祭城隍活动，在一生中只能参加几次，由于民俗表演的年龄阶段性，很多表演项目在一生中的参与次数仅为一次，这就更显得弥足珍贵。"这些个民俗都是有年龄限制的，比如

① ［美］亚伯拉罕·马斯洛. 马斯洛的智慧——马斯洛人本哲学解读 [M]. 刘烨编译. 北京：中国电影出版社，2005：4.

打腰鼓，二三十岁的年轻女子最好，有活力，能蹦跳，也灵活，年纪大了就不成了，没那股子朝气了。钱杆，七八岁到十一二岁最好，所以很多人一生能参与这个活动就这么一次机会，再如花环，只有那些四五岁的小娃最好看，大人看起来就呆板，没看头了，小孩表演就可爱得多，虽然动作就那么几个，但是这些娃小、训练起来也不简单，还要变换队形"。在访谈中，一位七岁的小男孩表示今年参与打钱杆民俗表演很欢喜："我今年参加打钱杆，很喜欢，我想着下次还要打钱杆，但是爷爷说了，下次我就大了，不能打钱杆了，这个民俗只能小朋友参与，我长大了可以去敲锣鼓。"①

乡民参与其中，释放与展现着饱满的活力，在民俗活动的整个过程中，每个参与者的人生价值都得到的了升华，构成了迎祭城隍民俗活动无功利的自我和群体审美。如皇甫村女子腰鼓队的一位成员是聋哑人，但日常排练时，她的动作、表情和正常妇女别无二致，访谈的时候她用手语给我们说，为了能够和其他队员一模一样，很多腰鼓队员都热情帮助她，她还特意录制了指挥者的旗语与一

---

① 访谈人：LNM 的孙子；访谈时间：2017 年 8 月 2 日；访谈地点：西安市鄠邑区 H 村 LNM 家中。

位熟练的腰鼓队员的全程表演，放在手机上，平时闲了就一遍一遍观看，跟着做，开始也不熟练，动作跟不上，经过十几天的努力，已经和其他队友完全合拍了，心里特别自豪、特别开心。① 迎祭城隍民俗活动结束后，村庄举行的表彰大会上，她因此被授予女子腰鼓队优秀队员的称号。可见迎祭城隍民俗活动中，乡民建构了对于自身的再认识、对于自我能力的再挖掘。民俗活动的成功举办与广

① 访谈人：DOZ；访谈时间：2018 年 1 月 3 日；访谈地点：西安市鄠邑区 Z 村 DOZ 家中。

泛参与具有满足乡民认识自我、展现自我、肯定自我等自尊自爱和受人尊重的功能。

鄠邑北乡迎祭城隍民俗活动的成功举办和广泛参与，显示着乡民不同层次需求动机的强大驱使作用，正是因为满足了乡民不同层次的人性需求，迎祭城隍民俗活动日趋拓展与丰富。作为一种民俗文化，已经由最初的祈福禳灾演变为丰富多彩乡村文化生活的重要载体，体现出积极向上的时代性和昂扬的时代气质。

第三节　面子人情：功能与价值

乡民参与迎祭城隍民俗活动既依靠集体记忆和人性需求激发，但同时面子、人情也是维系这一大型民俗运转的重要内生动力。在田野中，时常就迎祭城隍民俗活动是否能长久维持这一问题与乡民展开讨论，乡民们都表示虽然参与这一民俗活动很劳累也没报酬，但这一大型民俗仍旧会不断地繁衍生息，即使有个别村民因为各种原因不愿意参与"接爷"，但是绝大多数村民还是愿意参与到这项民俗活动中来。当问及参与原因的时候，有位乡村干部的话很有代表性："首先这是祖祖辈辈留下来的，你说不搞就不搞，你咋对得起先人呢。再说，你说你们村子不接了，你在这十里八乡，别的村子怎么说你呢，就是到乡民，全村人都欢喜接爷，就你们几家搞事情不接爷，村里人怎么看你家呢。"① 一位乡民更生动地概括说道："村子不参加、村民不参加，这都是打脸的事情，没有多少人会做的。"②

---

① 访谈人：LQL；访谈时间：2017 年 8 月 9 日；访谈地点：西安市鄠邑区 H 村 LQL 家中。

② 访谈人：LRL；访谈时间：2017 年 8 月 8 日；访谈地点：西安市鄠邑区 H 村 LRL 家中。

从中可见，面子、人情也是维系迎祭城隍民俗活动的内生动力，无论是村庄还是村民的面子、人情都是在人际交往中形成和表现的，即面子、人情必须依赖互动和交往才能得以存在，是由交往对象的态度和行为决定的，人情、面子是在交往中产生，反过来也制约影响着人际交往。所以，无论是乡民还是乡村要想获取必要的人情、面子必须加入如迎祭城隍民俗活动这样的大型公共事务的人际互动中来。乡村和乡民的面子、人情都具有等级结构，处于等级高的位置，就能获取更多的资源，一位村干部就曾说："你看这是个热闹，但更是一个村子的形象工程呢，正月里一接爷，你村子人咋样、能力咋样，就有个评价，你搞得不成，你们村到镇上去申请项目就不如人家那些搞得好的村子。"①可见迎祭活动能够为村庄带来更多的面子、人情，也就意味着享有更多的权利，乡民亦如是。比如，一位乡民就说："你家里参加得不好，就说明你家里不行，你家儿子说亲事，人家打听你情况，听说这样，就不爱把女子嫁过来。"所以，乡村和乡民会去努力争取面子、人情，表现出进入更高等级的愿望，以便争取和享有更多的文化资源。

① 访谈人：SYJ；访谈时间：2017 年 8 月 13 日；访谈地点：西安市鄠邑区 H 村村委会。

在村与村之间、乡民和乡民之间，面子、人情等级高的，必然会竭力通过迎祭城隍民俗活动去维系其等级结构；面子、人情等级低的，更不会放弃这一机会——基于对未来的强烈期盼，更愿意去付出努力；特别是一些曾违背村庄公共规范的越轨乡民，通过参与迎祭活动，也能够补偿、纠正、弥补之前的人格缺陷和行为过失，显示自我对于规范的严格遵守，以期重新获取面子。可见，面子、人情激发着乡村和乡民对迎祭城隍民俗活动的参与，这首先表现在工具性上，即通过参与迎祭城隍民俗活动，乡村可彰显它的凝聚力、行动力和秩序感，表现出良性的社会信誉和社会价值，以此来博弈区域更优质的资源配置。乡民则努力通过积极参与，维护、提升和逆转面子、人情的等级秩序，并与其内部社会结构及关系网络形成有效互动。

其次，面子、人情也能给乡村和乡民带来价值和意义。乡村和乡民通过参与迎祭城隍民俗活动都能从中受到巨大的满足感和荣誉感，这在田野访谈中十分普遍。近十年来迎祭城隍民俗活动从鄠邑区北乡大型节庆民俗到陕西省非物质文化遗产项目，进而又入选国家级非物质文化遗产代表作名录，这本身就带给区域乡村和乡民极强的荣誉感，"现在这个民俗是非遗，还是国家级的，是级别很高的那种"。特别是近些年来各级别官方媒体、自媒体和大量的摄影爱好者对迎祭城隍民俗活动的报道，也无疑增加

大城隍社真守村恭送城隍

了鄂邑乡民的文化自信和文化自觉，2017年正月真守村迎祭城隍民俗活动在人民网的全程直播，以及事后对村民进行访谈，村民纷纷表示在网络上看到自己和同乡人特别自豪，"听说这是全球直播的，全世界都可以看到，点击率都挺高的，想着全球的人能通过网络看到我们接爷，心里就高兴得很，自豪得很"①。这种荣誉感、自豪感能够在迎祭村庄内部实现充分的共享和共有，可见在迎祭城隍民俗活动中面子、人情能有效维护其运转和延续。

<hr>

① 访谈人：LYS；访谈时间：2017 年 2 月 13 日；访谈地点：西安市鄂邑区 Z 村 LYS 家中。

迎神队伍里跳彩扇舞的村民

第五章 西安市鄠邑区北乡迎祭城隍民俗活动的组织建构

鄠邑北乡的迎祭城隍民俗活动，因为参与人员众多、内容异彩纷呈，这就需要建立行之有效的组织机构，把各具才华的乡民联合起来，通过合理的组织制度，实现倍增和壮大组织效应，共同完成这一热闹隆重的典礼仪式和民俗表演。

第一节 组织构成之乡民：主体性和参与性

乡民作为乡村文化建设的重要而不可忽视的力量，是迎祭城隍民俗活动的参与主体。在改革开放前，农民的流动性表现并不明显，农民与土地的关系十分牢固，农民对土地具有很强的依恋感，有着浓烈的乡土情结。改革开放后，随着国家发展战略和政策的调整，在政府主导的城镇化指引下，加上经济、生态环境等原因，农民流动性增强，大批青壮年离开自己的故土，积极主动的流动性不断加强，心向城市的心理更加强烈。乡村传统的社会格局发生改变，广大农民的居住状况、生活条件、人际关系、价值观念、行为逻辑、语言表达等在悄然之间发生着巨大的改变。

　　乡民一般可分为村庄的常住乡民和在外乡民。常住乡民大多是留守的妇女、儿童和老人，在外乡民大多是外出打工的青壮年，他们绝大多数正处于人生的黄金时期，在流动过程中，他们有了更多接触、了解、感知广阔世界的机会，农民的自我意识、自主意识、自觉意识、自信意识、自强意识都随着见识的增长而得以提高。在外乡民眼界更为开阔，敢于、也勇于挑战接受新的事物。即便是留守的农民，也会在与在外乡民以"候鸟"方式回归乡村时深入交流，在潜移默化中接触和感受城市文明与生活。特别是近七八年来智能手机、互联网在乡村日渐普及，因其操作简单、功能强大逐渐提升了乡民使用媒介的能力和素养。手机、电视、网络成为乡民了解大千世界的重要工具和手段。在访谈中，他们经常拿出手机点开链接，就网页上的图片和内容表达自我看法和意见。这使得无论常住乡民还是在外乡民在城市与乡村之间不断地进行选择，寻找自己的人生坐标和发展方向。两种类型的乡民构成了乡村文化建设的实践主体，是乡村文化建设的中坚力量。① 但无论

---

① 吕宾、俞睿. 城镇化进程中乡村文化内生性建设 [J]. 学习论坛，2016（5）：55-56.

城镇化如何发展，乡村发生怎样的变化，农民作为基本生活必需品原料的生产者和供应者不会消失。[①] 这就意味着属于以乡民为主体的乡村文化不会终结。"乡村文化"是广大乡民在长期的生产生活中形成的乡村特有的生产生活方式、价值追求、伦理道德、思想观念和人文精神的总称。农民是乡村文化形成的主体，是乡村文化传承、创新、发展的真正动力，所以我们要从乡村文化发展的内在因素着手，激发乡村文化的内在活力和生命力，壮大乡村文化的内生力量。[②]

以鄂邑北乡迎祭城隍民俗活动为代表的乡村大型节庆民俗活动，正是乡民显示文化主体性和创新力的坚实平台，参与区域大型民俗活动可给乡民带来乡村社群的凝聚力和归属感，帮助其不断形成对乡村文化的亲近感、归属感、历史感和自豪感。首先，迎祭城隍民俗活动本身就是地方性民俗文化知识展演的多维平台，乡民通过参加活动，自身得以受到教育和学习，自觉提高了作为乡村文化载体的建设意识，增强了乡村文化载体建设的认同度和乡村文化价值认同度，使自身成为乡村文化建设的主要力量。在访谈中，很多乡民，尤其是年轻人已经对民俗表

① 李培林. 从"农民的终结"到"村落的终结"[J]. 传承. 2012（15）：84-85.
② 孙天雨，张素罗. 农村劳动力转移对乡村文化转型的影响及对策[J]. 河北学刊. 2014（7）：167.

参加迎城隍腰鼓表演的皇甫村村民

演仅限于了解和观看，并无亲身参与的经验，而迎祭城隍民俗活动，使得他们获得了一次全面感受民俗表演的亲身体验。正是这种全身心的投入，使得乡民深深体会到了作为乡村的主人和一分子的荣耀感，"从早晨五点来钟，全村人就热闹起来，化妆啊，穿衣服啊，大家都忙活，接爷仪式大，来回路上人更多，到处是鞭炮，把耳朵震得（不行），也就是接爷有这大阵势，全村人能上的几乎都上了，全村总动员啊，真是热闹得很"！① 乡民参与这种隆重

---

① 访谈人：HHF；访谈时间：2016 年 7 月 22 日；访谈地点：西安市鄠邑区 W 村卫生站。

的民俗活动，就是通过自身文化实践切实地参与到乡村文化建设中来，这种深度的参与性，让乡民感受到了乡村文化的特质与魅力，并因此丰富了自己的精神世界，提升了乡村生活的幸福指数。所以，大型节庆民俗活动能够积极引导民间文化资源释放文化需求，在节庆民俗的文化建设中自我表现、自我教育、自我服务，提升乡民的文化表现能力和文化再造能力，更为重要的是为乡村文化建设提供了良好的人才载体建设环境。如皇甫村的女子腰鼓队，这群年龄在20~45岁之间的年轻女性，绝大部分之前对打腰鼓并不熟悉，村中为此特别从陕北请来了两个腰鼓教练前来指导排练，经过近两个月的不懈练习，在迎祭当天表演得十分精彩。迎祭结束后就被其他村庄邀请进行展演，并得到了相应的报酬，这极大地激发了乡民的文化自尊心和创造力。并且，这支表演队接连两年都参与了鄠邑区民间文化艺术节，其表演越发纯熟自如、热烈奔放。

其次，通过迎祭城隍民俗活动，乡民不仅完成了一次地方知识的教育和洗礼，更在其中完成了自己对"地方知识"创造性的再生产。无论是在迎祭仪式上，还是民俗表演，乡民都表现出极为活跃的创新意识和创新思维。如传统迎祭仪式并无启动这一环节，通常在人们集合完毕后，由村民乐会的总会长宣布开拔，轮值迎祭村庄即奔赴上一村庄"接爷"，但在兆伦村接爷中，首次加入了启动仪

什王村女子锣鼓队

式。在访谈中民乐会的主要负责人表示，加入启动仪式，将原先仅为总会长的一声令下变成这样一个隆重仪式，一来显示村子对"接爷"这项民俗活动的重视，更是给要奔劳一天的乡民加油鼓劲，而且随着大众传媒对这项民俗盛事的报道，村中邀请嘉宾人数越来越多，结构也由主要是本村成员变得更为多元化，启动仪式也更显示出村庄热情有礼的待客之道。民俗表演则在继承传统民俗的基础上，十分注重对适宜本区域民俗表演新元素的加入，可以说，每个村庄的民俗表演都各具特色，不是因循往复，而是进行着各自的创新，实现着地方知识的创造性再生产。鄂邑区是著名的鼓舞之乡，但是锣鼓表演自古就由男性挑大梁，然而近几年却频频出现女子锣鼓队，鼓因此在重量上大为减轻，造型也更为灵动，什王村的女子锣鼓队更在服饰上一改民俗表演惯用的传统服装，而是身着紧身小礼裙、斜戴礼帽，队员造型俏皮活泼，令人耳目一新。乡民对民俗表演的创新不断汇聚民俗新元素，使得区域文化样式呈现出更为多元和丰富的内涵，强有力地推动了乡村文化建设。

第二节　组织构成之乡村精英：能力与道德

乡村中的精英人群代表着乡贤文化，这使得他们在乡民与国家、乡村与城市连接中扮演着重要的角色，形成有其地域特点但又具有民族共性的乡村文化与精神。"在每一个特定的社会集团中，必然有极少数人比另一些人更有能力，他们在各个方面都出类拔萃，从而享有较高的社会地位，这些人便是社会的精英"①。乡村精英正是乡村社区中较有能力的乡民代表，这使得他们应该成为"能够承担整合社区农民的历史使命，并且能够引导农民顺利化解市场经济的冲击，保证农村社会的稳定和发展"② 的坚定力量，所以当我们把乡村社区作为一个政治体系或一个政治系统来看时，可以将乡村中的精英定义为：在乡村社区的政治、经济、文化和社会生活中，基于智力、经历、分工和心理等方面的优势，对乡村政治、经济、文化和社会生活的管理具有重要影响力的人，他们握有一定的社会

---

① 俞可平. 权利政治与公益政治 [M]. 北京：社会科学文献出版社，2000：267.
② 郭玲霞. 培育乡村精英——乡镇政府职能的另类定位 [J]. 领导科学，2011 (1)：54-55.

话语资源，包括政治的、经济的、文化的或传统的社会资源。他们在乡村社区中具有非正式的权威，起着重要的社会整合功能，扮演着乡村社区中的"守门员"角色。①

从目前乡村精英在乡村地区所发挥的作用来看，主要可以分为三类：文化精英、经济精英和政治精英。"文化精英"的兴起与传统文化的回归和新的价值理念的建构有着直接的联系。面对当下多元化的文化格局，关于如何整合乡土的秩序感和价值感这一问题，回归传统是行之有效的选择。文化精英是对乡村传统文化有着很深的理解并能够作为乡村文化的实践者、参与者和传递者的精英们，他们对于乡村传统文化的推广、以及对乡村传统道德的践行使得乡民能够找到新时代的精神寄托以确立新的人生观，从而起到对乡村生活的凝聚作用。乡村知识分子是乡村文化精英的代表人物，在他们中既有乡村教师、医生、乡村技术人员、乡村企业科技人员、退休还乡的老干部等，也有具有一定智识水平完全出自真心爱好而热衷乡土文化的乡民。他们与乡村、乡民保持着密切的交往和联系，对乡土文化怀有深厚的无功利的爱，他们是迎祭城隍民俗活动最为活跃的群体。很多文化精英不但对自己村庄

---

① 李强彬. 乡村精英变迁视角下的村社治理 [J]. 甘肃理论学刊，2006（11）：79-80.

迎祭城隍的民俗活动格外上心，更无私地为其他村庄民俗活动建言献策、忙前忙后，他们对于乡村传统文化的传播、实践和传承居功甚伟，在这一群体中作出巨大贡献的是老人。在田野调研过程中，三个城隍社的构成以老人居多，腊月、正月是他们一年中最为繁忙的一段时间，他们冒着低温严寒骑着电动车或是自行车，穿行于轮值迎祭村庄之间，为迎祭城隍的祭文、对联的写作出谋划策，为轮值村庄多次规范迎祭礼仪，迎祭当天更是早早就来到会场。这些平凡的乡村老人为传承这项乡村民俗付出了巨大

二城隍社李伯村迎祭城隍队伍

的无私劳动。"我喜欢这个，我从小就参与这个民俗呢，那年我才八岁，就在迎祭队伍里面帮忙，后来复兴起来，为这个活动我到处联络人，现在政策好上面很支持，我们能做什么就做什么，总之要尽力把这个活动做好、做大，我把这个事情看得很重。"①这充分说明，老人在乡村文化建设中具有传承示范作用，他们在乡土上辛劳了大半辈子，到老年仍然愿意为这片土地去奉献他们的生活经验和知识积累，为民俗活动的传承散发着光和热，行走在乡土上展现着他们饱满的文化自信。

现以二城隍社为例来展开说明。二城隍社完全由乡村老年人组成，主导老人共四位，此外还有之前社内的老人，因为年事已高不再参与具体的迎祭交接工作，而在社中担当顾问。四位老人中最年轻的55岁，其他的都在60岁以上，常年为二城隍轮流迎祭奔忙着。"我们都是这些参与村子的，这些村子人情往来也熟得很，所以每个村、每个村间的衔接都要我们去说呢。"②二城隍理事主要工作就是保证迎祭工作的顺利完成，此外还有城隍神用品的修

① 访谈人：LZZ；访谈时间：2017 年 8 月 10 日；访谈地点：西安市鄠邑区 Y 村 LZZ 家中。
② 访谈人：LGL；访谈时间：2017 年 8 月 10 日；访谈地点：西安市鄠邑区 Z 村 LGL 家中。

补和管理，每年的迎祭工作，难免会损坏一些迎祭用品，二城隍社的老人们都要在迎祭结束后对物品进行清点，保证不遗失，其中一位老人曾说："每个迎祭村庄都给二城隍社500元，这样我们就有了一个运行资金，什么坏了我们就补什么。"[1]有一年在其中一个迎祭村庄意外发生了火灾，焚毁了神像和一切的祭祀用品，城隍社的老人们就约在一起逐个村落去募捐重新置办神像和祭祀用品的资金，经过多日奔波终于筹到了一万余元。为了合理分配资金，他们在一起开会、反复讨论，最终将资金进行了合理的分配。"这些钱怎么花是我们商量着来的，要给爷（二城隍神韩诚）重新塑像，还有这么多祭品、衣服啊都要买，都要一起商量着才能把这些钱更好地分配，能拿一块钱办两块钱的事情那就最好了。"[2]从中看到老人们有很好的合作机制，虽然他们之间有会长、副会长、秘书、会计的分工，而在合作上则平等相待、共同参与和相互协商，所以任何二城隍社的事务均由四位老人一起协商解决。由于老年人相对时间充裕，社中事务绝大部分通过老人们聚集开

① 访谈人：GZS；访谈时间：2017年8月10日；访谈地点：西安市鄠邑区Z村LGL家中。
② 访谈人：QZJ；访谈时间：2017年8月11日；访谈地点：西安市鄠邑区H村QZJ家中。

会来解决，"什么事情我们都在一起开个会，聚在一起能够把事情说得清楚明白，解决得更好，我们趁机也能见个面，还能在一起乐呵乐呵。"①开会既是老人们解决问题的方式，运行着平等协商的机制，又完成了他们的社交和娱乐，是一举数得之事。同时，老人们还很注意文化传承人才的培养，老人们表示年龄还是不饶人，从进入二城隍社开始，就要在各个迎祭村庄物色能够继续传承这项民俗活动的人才，并且他们对于传承人才的培养有着自己独到的见解："我们为啥都愿意找老人呢，一来老人经过的事情多、有经验、有阅历，再来呢，老人们把儿女的事情都操持得差不多了，也能有时间为大家做点事情，要不你还得为家里各种事情忙活，没有这个精力。"并且明确了他们找寻接班人的标准："城隍社都是没钱的、义务劳动，接班的就是要有公心，在村里有人缘，能服人，愿意给大家办事情、不图那些名利的东西，还有就是身体好点，虽然我们是老人，身体好点才能给大家办事情。"②从而在组织内部，既有合理管理制度和协商制度，又有明确的接替考

---

① 访谈人：BCZ；访谈时间：2017 年 8 月 11 日；访谈地点：西安市鄠邑区 H村 QZJ 家中。
② 访谈人：SZQ；访谈时间：2017 年 8 月 11 日；访谈地点：西安市鄠邑区 H村 QZJ 家中。

虑、形成了一个相对完善的运行机制，在其中乡村老人们完成着自我的乡土表达，也为乡土集体记忆的承传贡献着自己的能量。

这些受过相当教育、见多识广的文化精英在乡村文化中的活跃，不断提升着乡民对知识和文化的尊崇。他们行之有效地继承了传统乡村精英在乡村承担的文化教导、伦理指引、民间民俗文化活动的发起与组织等方面的功能。他们对迎祭城隍民俗活动的维系与贡献，有助于在当下重新发现和发扬传统文化的精髓与价值，从而显示出文化精英对于乡村文化的传承和引领所具有的重要意义与价值在乡民精神世界所发挥的正向引导作用。这使得有必要鼓励和表彰乡村精英，确立他们在当前乡村社会的地位，从而激发他们更好地带领村民参与民俗活动、强化乡民的参与意识和情感依托。

"经济精英"是在改革开放以后崛起的新型精英，他们往往有较为深厚的资本积累，并且热衷于乡村的公共事务。在田野访谈中经常有乡民说起村中的基础设施是由村中乡村精英捐资修建的，特别是一些经济精英为村庄经济发展解决了很实在的问题，如提供了一些优质的就业岗位、对经济作物的示范性种植等，从而有力地改善了当地村民的生活状态，因此他们在村民中享有很高的威望，同时经济精英也会利用这些资源影响约束政治精英的行

二城隍理事会成员

为与决策、甚至自己参与到村干部的选举过程中，从而影响到本村庄规则的制定与使用，能办事、有公心的经济精英能够有力地推动乡村经济社会持续发展。如今，随着迎祭规模的日趋扩大，迎祭城隍的捐款主要来源是经济精英捐款，可占到捐款总额的30%~85%，在田野调查中我们看到，经济精英并不仅仅是对村子的大型集体活动捐款踊跃，更为重要的是他们也以实际行动投入到大型民俗活动的实践场域中来，比如，将自己广泛的人脉关系网络带进民俗组织排练中。如皇甫村的民乐会总会长李仁龙就将公司优良的策划团队引入民俗仪式和表演的策划中来，使得

2016年皇甫村迎祭三城隍民俗活动十分庄严隆重，在整个活动中他们身上散发出来的吃苦耐劳、开拓创新、敢作敢当的精神也深深感染和教育着乡民，对乡民产生强烈的精神和行为的示范作用。同时，经济精英很大程度也通过这种集体大型民俗加固着他们与乡土的血肉联系，"我很多年在外面，回来办企业也常常在外面跑，回家就是看看老娘，有个一天半天就走了，这里是生我养我的地方，但这些年的确很少回来，办了这个活动，我一下子和家乡、和乡党的感情变得特别近，之前也问候问候，现在能说上好多话，我对村子更关注了、特别是乡村的文化，我觉得乡村得好好发展文化，只有这样，才有根、才有动力，我以后要给村子做更多事情、让家乡变得更美丽。"①

　　"政治精英"即村干部、与国家联系最为密切。他们虽然不是国家正式体制的组成人员，但却得到、并善于利用国家正式体制对其的支持。"村一级的政治精英实际上扮演的是集国家代理人、社区守望人和家庭代表人三者于一体的角色"，是"在农村社区生活中发挥着'领导、管理、决策、整合功能'的人"。②村二委会对迎祭城隍民俗活动

① 访谈人：LRL；访谈时间：2017 年 8 月 8 日；访谈地点：西安市鄠邑区 H 村 LRL 家中。
② 引自：杨善华. 家族政治与农村基层政治精英的选拔、角色定位和精英更替——一个分析框架[J]. 社会学研究，2003（3）：102.

的参与伴随着非遗保护的行政化，使这一节庆民俗由单纯的民间组织逐渐融入了官方力量。现在，在轮值村庄的迎城隍活动中，"三委会"起到了举足轻重的作用。在田野调查中我们发现，村三委会的大力参加，对于迎祭城隍具有很重要的推动作用。首先，三委会日常工作与乡民多有往来，对于乡民的脾气秉性、相互关系更为清晰了解，同时三委会在村务管理和运行中也积累了较多的工作经验，这些都将有助于民俗自组织的构建和管理。其次，三委会具有上通下达的行政职能，它们与上级领导部门有畅通的沟通渠道，这有助于迎祭城隍外联事务的处理，比如，迎祭、庙会期间的安保工作、道路管理及其医护救治等。同时，我们也看到迎祭城隍民俗活动本身也构成对三委会的考验和再塑。在田野调研中很多三委会的村干部都表示，迎祭城隍民俗活动可以说是鄠邑区乡村中最为盛大隆重的民俗，参与的乡民、观看的来客数量都十分庞大，其组织管理工作千丝万缕，一点儿处理不好都可能导致矛盾激化甚至是事态的急剧恶化。所以在节庆民俗事务的处理中极好地锻炼了村干部的业务素质和行政能力，很多位村干部正是由于较好地处理了迎祭过程中的种种矛盾和纠纷，使得他们在村中的威信进一步得以提升，为其连任打下了坚实基础。有位村干部的话很有代表性："外人看就觉得是个耍热闹，但为了这天的热闹，我们这些人从天刚刚冷、

三城隍社理事会成员

一直忙到迎祭的前一晚上，每件事情都得看好了，一点儿办不到就有可能出差错，既要处理村里的事务，还要处理外头的事务，这是个大活动，镇上、县上都重视得很，这可以说是我当'村长'最大的事情了，太考验人的意志力、组织力，还有耐心烦儿，必须有这个耐心把事情捋顺了，才能把爷欢喜地接回来。"①

三类精英人物构成了迎祭城隍民俗活动的管理团

——————————

① 访谈人：SYJ；访谈时间：2016 年 3 月 28 日；访谈地点：西安市鄠邑区 H 村党员活动室。

队，在鄠邑这一民间组织被称为"民乐会"，每个轮值村庄都会为迎祭城隍民俗活动成立本村的"民乐会"，而三个城隍社也设立日常化的运行组织"民乐总会"，用来协调各迎祭村庄之间的关系，督促迎祭城隍民俗活动的顺畅运行。在田野调研中我们观察到，虽然三类乡村精英各有优势，但是当乡民评说他们的时候，常常要提到他们的一种共同属性，即道德情操的高尚，乡村将之简洁有力地概括为"德高望重"。可见道德上的认同很大程度上左右着乡民对于乡村精英的认同，只有遵守道德和能力双重原则的乡村精英才在乡民心目中立得住、行得远，用乡民生动的话语来说就是"能办事，有公心"。迎祭城隍民乐会与乡民之间的关系结构受制于这两大基本原则：源于参与迎祭城隍民俗活动集体记忆、人性需求和面子人情。乡民参与迎祭城隍民俗活动的愿望是普遍存在的，但这仅仅是对乡民做到了广泛的动员，而民乐会和参与乡民之间的关系，尤其是乡民对民乐会组织成员的道德和能力的双重认同，才能极大激发出乡民参与的强劲动力和高涨热情，实现有效的动员。

我们以三城隍社的皇甫村为例，分析其有效动员的过程。在迎祭城隍民俗活动中最为重要的是有效的动员，所谓有效，用乡民的话来说就是"把大家发动得很热情、很愿意"。通过对多个迎祭村庄的比照性调研，集体记忆的确能够使得众多乡民参与其中，但这种参与也会表现为惰性和去主体性。经过分析可以看到乡民的参与态度直接来源于乡民对村庄的生存感受，直观表现为良性的乡村秩序和不断改观的乡村面貌。亦如乡民所说："爷总是要接的，但是怎么接，还要看我们怎么看他们（村干部）。我愿去、不愿去，城隍爷还是要往回接，你这排练八天，我去三天，我到接爷这天，去把爷接回来就是了。"[1]皇甫村乡民高涨的参与热情，来源于迎祭活动前一年多时间中，在村三委会的齐心协力下，村容村貌发生了深刻的改变，"你问我们为什么对这次接爷参与的积极性很高呢？那是因为看到这届班子的确是干事的，我们农民就是看班子是否实干。经过去年努力，基础设施和宅第建设变化很大，村里干部为民服务这块得到很大的提升，让群众得到实惠，看到村里发生的变化，所以群众搞这个文化活动的积极性很高，基础设施建设提升了村子的文明度，村上建设在镇上可以说都走在了前头"[1]。

正是村干部的实干精神和大局意识，使他们在村庄集体层面得到了广泛的认同，激起了乡民对此的积

① 访谈人：LHL；访谈时间：2016 年 3 月 29 日；访谈地点：西安市鄠邑区 H 村 LHL 家中。

② 访谈人：LJH；访谈时间：2016 年 3 月 30 日；访谈地点：西安市鄠邑区 H 村 LJH 家中。

皇甫村民乐会组织村民锣鼓表演

极响应，从而促使村干部可以顺利顺势地开展组织策划——体现为对乡村精英和普通乡民的有效动员，为民俗活动主体力量的形成奠定了基础。首当其冲是完成对乡村精英的发动，"我们开始就这么想，我们就这几个人，活动这么大，我们想着如果能把村里这些能人都联络起来，自然就能好办事"[1]。从而确定了两个维度——内向型发动和外向型发动的工作思路。"内向型发动"主要

① 访谈人：LJH；访谈时间：2016 年 3 月 30 日；访谈地点：西安市鄠邑区 H村 LJH 家中。

去联络村中曾具有正式精英身份的往届村干部，他们在乡村具有相当的人脉关系，同时具有组织乡村大型活动的丰富实战经验，很多老干部是上次迎祭三城隍民俗活动的主力军；"外向型发动"即去联络常年在外的乡村精英，为此，村三委会决定利用2015年11月间举办的村办公楼和门楼落成大典，广泛地邀请在外乡民回乡庆祝。在落成大典上村干部就迎祭城隍民俗活动进行了大力宣传。村容村貌的极大改变激发了在外乡民强烈的反哺意识，现场捐款很踊跃，总额达到近35万元，几位开办私人企业的乡民捐款数额巨大。由于开展这项民俗活动的资金绝大部分来源于自筹，在外乡民的捐款一直是开展这项活动最为有力的资金支持。根据多个村庄的调研，其金额可以占到总金额的40%~85%，所以发动在外乡民的捐款，是所有迎祭村庄的惯例。但黄甫村目的显然并不止于此，村干部话很能代表他们前瞻的办事思路："我们其实并不怎么担心捐款，之前我们合计过要花的这些钱，我们村里村外的能人加上乡民，没太大问题。关键是这活动如何办得好、让大家都信服，这是我们考虑的地方。"①正是在这种思路带动下，村干部更注重的是对在外

---

① 访谈人：LQL；访谈时间：2016年3月28日；访谈地点：西安市鄠邑区H村党员活动室。

乡村精英所拥有的优势资源的整合调动，即促使他们对这项民俗活动的实际参与、而非仅仅的物质资助。为此村内精英投入了相当大的精力，电话联络、亲自拜访成为这一阶段的工作重点，其中对三城隍民乐会总会长李龙的发动尤具代表性。李龙是对本次迎祭活动捐款数额最大的乡民，个人捐款20万元支持这项民俗，但作为自有公司事务繁忙的民营企业家，面对乡民们3次登门拜访并没有积极响应，但第4次面对乡党们赤诚的邀请时，他终于有点按捺不住，专门回到黄甫村参加了一次组织筹备会，这次会议让他的态度发生了根本性转变，他说："这次会让我特别感动，我没想到为了这件事情大家这么热情、这么踊跃地发言。"①通过广泛有效的动员，皇甫村中常住人口1100余人，其中适龄、健康的乡民全部参与了迎祭三城隍民俗活动，在外乡民300余人，90%对这次活动进行了捐款，其中70%的在外乡民通过直接或间接的方式参与了这项民俗活动。

从这一意义上来说，迎祭城隍民俗活动为乡村精英提供了锻炼的平台和契机，使得对精英的判断不再仅仅以资源优质为标准。无论是经济资源、文化资源还是政治资

---

① 访谈人：LRL；访谈时间：2017 年 8 月 15 日；访谈地点：西安市鄠邑区 H 村 LJH 家中。

源，都不足以构成对精英的充分认同。如果没有对其个体道德情操的认同，那么精英所具有的所谓的资源优势，非但不可能发挥任何正能量的作用，还有可能成为阻碍这一民俗活动正常进行的绊脚石。这使得大型民俗活动构成了一个检验和锻炼乡村精英的场域，它既有可能使精英们积累更好的声誉和更好的品性，也可能使乡村内部权力结构痼疾通过大型民俗得以展露，从而有助于对之进行评断和解决。在如今的乡村中，更多的精英不只是某一方面的"单一精英"，还有可能身兼多种精英身份，既是政治精英、经济精英又是文化精英，成为"多重精英"。他们有良好的经济实力和社会地位，有威信、有凝聚能力，对周围村民和仰慕者影响巨大。同时，他们也有较好的动员能力和组织协调能力，经验丰富、思想先进，与外界联系多、视野开阔，有良好的人际关系和号召力，具备对村庄事务的组织协调能力，在村庄外也拥有一定的资源，从而能够在最广泛的范围内发动村民参与到民俗活动中来。

第三节 组织制度：分工制与问责制

迎祭城隍民俗活动是乡民"基于关系和自愿的原则主动地结合一起"[1]，这必然需要一整套行之有效的组织管理制度。良好的制度是民俗组织良性运作的基本保障。通过田野调查，我们发现迎祭城隍民俗活动组织制度大致可分为两部分：首先，是分工制度；其次，是问责制度。

在分工之前，首先必须对民俗工作中的诸项工作、诸个环节做精细化的分工，这构成了分工的基础。所谓"精细化分工"，就是使得每位乡民接受的任务具体化、明确化，促使其产生明确的责任感，及其责任的边界意识，做到对自己要完成的工作要了然于心。这使乡民之间的合作与对接顺畅自如，从而有效推动迎祭的日常准备工作。如果分工出现了重叠和含混不清，会直接导致参与乡民对于自身责任不明确、无所适从或消极怠工、失去充足的动力去完成工作，一旦出现问题往往会相互推诿，导致工作的瘫痪甚至关系的恶化。一位民乐会会

---

① 罗家德、李智超. 乡村社区自组织治理的信任初探——以一个村民经济合作组织为例 [J]. 管理世界，2012（10）：84.

六老庵村迎祭城隍分工名单

长的话很有代表性："一个萝卜一个坑，一个事情一个
人，这样出了啥问题，就这个人负责。不要几个人互相
扯皮，事情办不了不说，村里的关系还弄得不好。再说，
明确了一个工作到底干什么，大家也好抉择干个啥，心
里掂量你的能力能不能和这工作配得上，这很关键。"①
精细化分工非常考验民乐会对于迎祭工作的全盘把握，

---

① 访谈人：LRL；访谈时间：2017 年 8 月 15 日；访谈地点：西安市鄠邑区 H
村 LRL 家中。

只有把迎祭工作考虑得周全细致，才能够对各项工作了然于心，作出适当明确的分工。

现以宣传工作这个子系统为例来说明精细化分工的过程。迎祭城隍民俗活动列入陕西省和国家级非遗代表作名录后，在区域具有了强有力的影响力，借助乡村振兴的大好形势，这项民俗活动备受各级别媒体的广泛关注，并且有大量的摄影爱好者常年进行跟踪拍摄，留下了大量珍贵的图片，这使得宣传工作变得越来越具有重要的地位和作用。宣传主要包括以下四个方面内容：首先，是开幕仪式、交接仪式和安神仪式的主持词的撰写；其次，是村庄村容村貌的介绍，在非仪式时段一般由宣传车反复播放，方便各方来参观的嘉宾和乡民能够对村庄的历史和现状有大致的了解；再次，是村中丰富多彩的民俗活动介绍，即民俗方阵的解说词，每个村庄在民俗表演中，都力图求新求变，突破循规蹈矩，自然会煞费苦心设计民俗表演，"这是我们村独有的，别的村还没这么弄过"①，这是田野调研中时常听到的村民对于自己民俗表演更胜一筹的夸耀，这使得写作解说词能够对本村特色民俗表演进行合理阐释和

---

① 访谈人：DDW；访谈时间：2017 年 1 月 2 日；访谈地点：西安市鄠邑区 S 村 DDW 家中。

三城隍社周店村迎祭城隍表演方阵

大力宣传；最后，最为重要的宣传工作是正月迎祭当日对
于到访嘉宾的接待和安排。当天邀请参加迎祭城隍庆典的
嘉宾大致可分为以下几类：当地文化馆的相关工作人员、
媒体工作人员、摄影爱好者、治安警察、医护人员、文化
知名人士等，当日接待人员数量十分巨大，宣传组都要事
无巨细地为之导引和提供各种方便。以上仅仅是对这一工
作大致的拆分，执行过程中，又会根据实际情况再一步步
细致划分。

　　明确的分工是民俗组织建构的基石，也是问责制度
的前提和基础，正是因为分工明确，才能责任到人。分工

首先会充分考虑村民的个体意愿，即征求乡民对参与迎祭城隍民俗活动的意向，从而使得分工建立在村民对民俗角色的自我主动选择基础上，然后以生产队为单位进行统计最后汇总。其中对于在外工作的村民统计最为烦琐，因为在外村民一般进入腊月的后半个月才会归来，民乐会要充分考虑他们的年节时间和个体质素，选择他们在民俗组织中的角色。比如，某村在外任中小学老师的村民较多，在学校中各类运动会、庆典活动出席较多，礼仪规范掌握熟练，教师寒假时间较短仅有一个月，针对这些情况民俗组织经过协商，也征求了村民自身的意愿，由这些乡民组成了彩旗仪仗队。

可以看出，分工在民俗活动中对于个体意愿的充分尊重，采用的是非强制性的工作方式，这种工作方式极好地保护了乡民的主体性，也为其发挥主观能动性提供了条件。当然分工中矛盾冲突势必会存在，这就需要不断去协调，所以在分工处理较为成功的村庄，实际使用了大量的恳谈方式去协调分工过程中的矛盾冲突，不断沟通让矛盾的各方逐渐明白其中的事理和原委，能够发自内心地去认可这一分工，这其实是分工中最为困难的部分。有一位民乐会成员就说过："一个事情，几个人不满意，你就得去说啊，有的时候几天能说得通了，有的时候十来天才能把几个人协调好了，总之你得把大家说明白了，事情才好做下去。"①沟通是其中非常耗时费力的工作，也是解决问题的根本办法。在田野调查中我们看到，沟通实则完成着集体意识的灌输、道德情感的培养，也是归属感的进一步牢固，可以说，一次成功的迎祭活动在乡村首先来源于成功的沟通。

其次是问责制度。分工明确后自然就是落实，没有落实分工也就前功尽弃了。所以，各项准备工作的落实情况会受到民乐会的严格监督，特别是难度较大的民俗表演节目，如锣鼓和各类秧歌舞，这是民俗表演中训练时间最长的两类民俗表演项目，基本上进入腊月后每晚都需要训练，对于乡民来说十分辛苦，训练场面也着实让人震撼。关中平原的腊月是一年中最为寒冷的月份，低温时间长，时常还有冰雪，除了恶劣天气外，各个村庄基本上都坚持天天练习。练习时间一般从夜晚7点开始。首先是点名，对所有参与乡民进行核实，统计因为个体原因不能参与的乡民。如果某位乡民请假太多，民乐会会进行问责。一般遇到多次缺席的乡民，民乐会会在公开场合对之提出极为严肃的批评，利用集体意识和道德互视来督促乡民参与。此外还会使用电话联系或到家拜访的方式督促乡民参与。

---

① 访谈人：ZDL；访谈时间：2018 年 8 月 5 日；访谈地点：西安市鄠邑区 ZDL 的办公室。

在田野调研过程中，一般乡民因个体事务请假次数都保持在合情合理的范围内，多次缺席的乡民是极为少见的。除了对出勤率的考察，还有对排练进度的监督，如锣鼓队的队形、鼓点、动作等都是需要长时间联系默记的，民乐会每过几天都会督查排练，指出排练中的种种问题，有的村庄还专门记录在册，这样方便下一次检查时针对上次问题特别检查排练进度，以此促进民俗表演的稳步提升。这种显著进步在田野调研中感受很明显。我们一般会选择几个时间段对民俗表演进行田野考察。一开始的排练初期，小年前后、春节的彩排和正式迎祭，明显能够看到经过严格训练的乡民们辛勤的付出，民俗表演日渐精彩，在迎祭城隍当日最为饱满和热烈地绽放。

除了民俗表演，财务是问责的一大重点。目前，各村迎祭城隍民俗活动的经费主要是自筹，合理使用和支配经费是乡民们十分关注的问题，各个村庄都普遍建立起了经费审核的严格管理制度。款项使用可分为两类：第一类是需要征集使用者的意见，如民俗表演演出服装及其配饰；第二类则是惯例性物品的购买，如祭拜仪式所需的香蜡纸表、各色供品以及迎祭礼仪上需要的请束、红绸、红纸、白手套等。对于前者，较为传统的方法是由专职的采买人员支取少量资金，前往西安专门的商场店铺去购买性价比较高的演出服装样品携带回来，再由民乐会和演出乡民商定认可后，经由民乐会会长及其专管财务的副会长签字，支取资金按照人数进行采买。近年来由于乡民网络购物日渐娴熟，民俗演出组织内部成员往往通过网购自行选定演出服装，然后上报给民乐会，获批后乡民就可自行通过网络购买。"我们的演出服装是我们这些人在网上买的，我们里面爱挑选衣服的，在有电脑的一家里面看了好几个才在下午选定的，网上评价就不错，买来质量也好着呢，大家都很喜欢"。对于后一类物资采买，则要经过民乐会总会长和专职财务的副会长签字，方可去财务支付费用，并以发票的形式进行报销。惯例性物品的购买必须符合市场行情，因为购买信息具有相对的透明性，如果购买的物品超出市场行情太多，中饱私囊的负面信息会在排练

王守村村民为迎祭城隍排练锣鼓

的过程中在人群中得以迅速地传播，招致村民强烈的舆论压力，民乐会也会出面去处理和斥责办事人员，这类事件在乡村会被认为是极为伤风败俗的，不但令乡民个体颜面扫地，还会让家庭甚至家族蒙羞，所以虽然在田野调研中也有听闻，但确属极少数的偶发事件。

无论是分工制度还是问责制度，都必须具有顺畅的通道，即建立自下而上和自上而下的互流通道，以保证乡民参与的积极性与民乐会管理的有效性。分工制度的各项职责虽然由乡村精英协商制定，但乡民的选择则服从于个体的兴趣和爱好，民乐会仅对出现人员安排问题的事务进行协商性解决。问责制度，监督民俗表演训练的进程是民乐会行使自上而下的监督权力，并依靠制度对违反规定的乡民进行处罚，而财务性问责又显示出问责从下向上的通道，特别是后一类物资的采买，一旦乡民对采买的性价比产生疑问，必然会利用舆论向民乐会管理层施加压力，迫使民乐会对采买的过程和价格进行问询，对采买人员违例进行警告和处罚。

分工制度是问责制度的基础，让乡民明确了自身的行为准则；问责制度是分工制度的效果保障，时时刻刻对乡民行为进行监督和纠正，两种制度紧密勾连在一起构成了乡民民俗组织制度的建构。"不成规矩无以成方圆"，制度的建构使得民俗组织内部有了合作和共赢的良性运作机

三城隍社六老庵村迎神锣鼓队

制，它既约束着乡民之间的散漫化行为，也集合了乡民之间的散漫化结构，促使乡民平衡个体利益与集体利益，实现个体利益贡献于集体利益，集体利益保护个体利益，两种利益相互促进，从而使得集体和个体产生共命感，完成了乡民公民意识的塑造过程。通过每一次迎祭过后的回访，我们都可以深刻感受到乡民的组织性和集体观念在其中得到了极大的提升。

第六章　西安市鄠邑区北乡迎祭城隍 民俗活动的乡村认同

第一节　认同建构的基础：平等关系和民主决策

　　任何社会要维持它的团结，必然尽可能使社会各分子意识到他们的基本同一性，缩小个体之间的差距感，这种同一性的实现必然通过相互关系的建构得以实现，具体表现在乡民间的关系建构以及乡民与乡村间的关系建构。迎祭城隍民俗活动为建构这两种关系提供了平台，首先，每个轮值祭祀村庄的乡民参与这一大型民俗活动的比例都相对比较高。田野调研显示，参与迎祭城隍民俗活动的53个村庄在轮值迎祭城隍时，本村参与这一民俗盛事的乡民都超过全村总人数的50%，大多数乡村维持在65%～78%之间，很多人数在1500人左右的小型村落甚至出现了适龄健康人口全员上的局面，可见鄠邑北乡迎祭城隍民俗活动是一场盛大的集体性民俗活动，因此才能在人数上保证乡民之间、乡民与乡村之间进行建构关系的可能。其次，我们看到迎祭城隍民俗活动是由乡民自主组织的民俗活动，所有参与乡民的付出完全为公益性劳动，没有任何报酬，具有超功利性。在访谈中，乡民对此都具有相对一致的表达："这个都是自己愿意来参与的，都是自愿的，没有报酬。"[①]而且迎祭活动的经费绝大部分也由乡村自筹完成，虽然前文说到乡村经济精英对迎祭资金的筹集发挥了重要的作用，但是从各村张贴的捐款红榜来看，普通乡民对这一活动的捐款也十分踊跃，并且我们看到这一民俗活动的主要参与力量仍然是普通乡民，有位乡民曾在田野访谈中说道："我们捐款是没法和那些村里有钱的人比，但我们参与都是自愿的，不要回报的，只有我们参与才能把爷接回来，你有钱可以雇人把爷接回来，但那不叫我们村接爷了，那就成了某某人接爷了，这活动就和村子没关系了，那还叫民俗活动吗？"[②]

迎祭城隍民俗活动中包含着两种关系：一种是迎祭城隍民俗活动组织管理机构——村民乐会与乡民之间的关系；另一种是迎祭村庄和乡民之间的关系。前一种关系显示出村庄内部的层级关系问题，后一种关系涉及集体和个

① 访谈人：众多乡民；访谈时间：2016 年 7 月 – 2019 年 2 月；访谈地点：西安市鄠邑区迎祭各村庄。

② 访谈人：WXM；访谈时间：2017 年 8 月 11 日；访谈地点：西安市鄠邑区 X 村 WXM 家中。

体的关系问题。前一种关系中，由于迎祭城隍民俗活动是乡民自愿参与的公益性劳动，这使得村民乐会并不能使用层级关系去实现对乡民的发动和调配。这一状态也出现在民乐会内部，这就使得在迎祭城隍民俗活动事务处理中更多使用的是相互协商、相互尊重的方式，从而有助于实现乡民之间关系的相对平等性。其主要体现在乡民对民俗活动的参与基本上都遵从了各自的意愿，"我一开始就打算参与锣鼓队的、现在也是在锣鼓队，有时想参加的人多了，就需要协调，但大多数情况下，还是让我们自己选"。①相对平等的关系极大地促进了公共事务处理的民主性，如将某一个民俗表演队的全体成员召集一起进行开会，广泛征求参与的乡民对队形、服装、音乐诸多问题的意见，并认真作出了回应和处理，"会长理事们都认真得很，让我们提意见、衣服啊、队形啊、音乐啊都是按照我们意思来办的，心里特别高兴"②。这一民主决策的过程，能够较好地采纳乡民合情合理的意见，有效地规避了因为个体的过度膨胀而导致对集体的破坏，从而也就构成了第二种关系，即集体和个体的关系。个体需要集体、集体为

① 访谈人：LYM；访谈时间：2017 年 8 月 12 日；访谈地点：西安市鄠邑区 H 村 LYM 家中。
② 访谈人：BYF；访谈时间：2017 年 8 月 18 日；访谈地点：西安市鄠邑区 H 村 BYF 家中。

留南锣鼓队

个体提供了展现和提升的平台，使得个体对集体有了更好的认知和感受，因之与集体产生了更紧密的关系；同样，集体也需要个体、个体的活跃性参与有效地维护和塑造着集体的形象，展现着集体的风采，从而使得集体和个体之间处于共生共荣的关系中。

可以说，迎祭城隍民俗活动极大地推动着乡村认同的建构，其基础源于民俗活动有助于实现乡民间关系的平等性，并借此构筑个体以民主的方式进入集体决策的过程中来，从而使得集体和个体实现了充分的互构性，其中的平等关系和民主参与是生成乡村认同至为重要的基础条件。

第二节　乡民之间关系的建构：建立与改善

　　迎祭城隍民俗活动搭建起了乡民交往的优质平台。乡村作为流出地已经成为不争的事实，春节是一年中最为盛大的团圆佳节，春运的铁路压力代表着乡民对生于斯长于斯的故土的眷恋，构成乡村回流的大潮，春节展现出乡村中最为热闹的时空聚合。在田野访谈中乡民反复表示："春节一定要回家，看父母、看亲戚，一家子要团聚。"[①]如果说外出谋生（无论是主动的选择还是迫不得已的离开）支撑着日常生活的经济需要，回家则慰藉着乡民内心的亲情渴望。但回到家乡的乡民是不是就能热情饱满地回归到乡土中来呢？答案往往是否定的。经年离乡所产生的陌生感成为困扰乡民之间社交的巨大障碍，"村里过年来来回回遇到很多小学和中学的同学，街里街坊也都脸熟，但是现在吧，你忙你的，我忙我的，见到了笑笑，问个过年好，也就过了"。[②]在乡村中人与人关系的疏离感十

---

① 访谈人：众多乡民；访谈时间：2016 年 7 月－2019 年 2 月；访谈地点：西安市鄠邑区迎祭各村庄。
② 访谈人：LHL；访谈时间：2017 年 8 月 12 日；访谈地点：西安市鄠邑区 H村 LHL 家中。

参加锣鼓队的村民

分明显，这就使得需要构建一个让乡民进行深入社交的广阔平台，迎祭城隍民俗活动正是破解这种淡漠关系的一剂灵药。迎祭城隍民俗活动使得乡民能够突破传统的以家为单位的村落单位，结成一体化的联盟，实现充分的共享性。

在田野访谈中多次问及他们对于参与年节民俗活动的想法，其中一位乡民的话极有代表性："过年，除了团圆、走亲戚，还有很多时间，不接爷，无非是窝在家里看电视，或是找几个人耍钱打牌、打麻将，其实都没啥意思，哪有接爷热闹，大家热热闹闹在一起、锣鼓敲，把舞跳、年味就足了，人也都精神起来了。""热闹"这个词是乡民在访谈中对于迎祭活动最为直观和深刻的感受，它具有三个基本要素，即"人群""活动"和"声音"[1]。首先是人群，前文对村庄的参与人数已有表述，村庄大量人群的聚集本身就意味着交流的繁盛，而迎祭城隍民俗活动又为乡民提供了一个共享互通的语言交流情境，在这一情境中人人都具有交流的能力和意愿；其次是活动，上文已经说到，鄂邑北乡迎祭活动是一场盛大的集体性的民俗活动，其中包含着适合不同年龄阶段的民俗表演项目，其子系统是多元的和多层次的，这为乡民融入其中提供了方便和机会；再次是声音，无论是迎祭当天，还是给城隍夫妇庆生及会城隍，参与和观看的乡民熙来攘往、人声鼎沸。在多次田野调研中去看轮值村庄夜晚排练时，路过其他村庄都是静默安静的，这使得很远就可以听闻排练村庄鼓乐喧天，以至于无须向民乐会打听排练地点，就可以循声而去。可见迎祭活动极大地满足了乡民年节喜爱热闹的精神需求，热闹激发着轮值村庄的乡民积极地参与民俗表演、祭祀礼仪的排练，也吸引着接踵摩肩的周边乡民

---

① 潘英海. 热闹：一个中国人社会心理现象的提出 [A]. 见：杨国枢编. 本土心理学研究（一）[C]. 台北：桂冠图书公司. 1993：330-337.

前来观看热闹，这代表着乡民对于红火日子满心的向往和追求。

在民俗参与过程中，首先是乡民之间的关系得以建构。虽然生长于一村，但是如今同一村很多乡民却非常陌生，特别是一些五六千人的大村落，相互之间的陌生程度更高。在田野调研中曾遇到一位参与过迎祭城隍民俗活动的小男孩，他说通过参与迎祭城隍民俗活动扩展了自己的社交圈："要不是参加打钱杆这个活动，我都不认识他，

参加锣鼓队的村民相互帮助

就只看着脸熟而已，也在村广场上遇到过，叫什么、住哪我都不知道，我们就是在这个活动时才认识的，认识了就开始在一起玩儿，玩儿着玩儿着我们就成了好朋友，现在我们经常在一起玩儿，很开心。"[1]在田野调研中，很多乡民都说起自己在民俗活动中认识了很多之前不怎么熟悉的同村人。这使得他们不仅对民俗这一话题十分热衷，还对和自身密切相关的工作、生活问题极为关注。其表现在工作信息的大量交流，包括工作待遇、工作环境、升职可能等。在田野调研中访谈过一位在境外打工的乡民，由于薪金报酬相对优厚，在迎祭城隍民俗活动排练中将自己国外务工信息大量传播给同村的乡民，过年后将3位对自己工作感兴趣的乡民介绍到了境外务工，事后通过网络问询，他们对工作感觉比较满意，也相对认可。由此看到，大型民俗活动可以为乡民搭建多元的社交平台，乡民通过参与民俗活动，既可以建立起新的信任关系，又可以互通信息，为更美好的生活注入更多活力。

同时，我们看到很多乡民的关系还因之得到了很好的改善，乡里乡亲难免磕磕碰碰，公共社交的萎缩使得乡村的邻里矛盾常年不得化解，久而久之变得很少来往，而

---

① 访谈人：LNM 的孙子；访谈时间：2017 年 8 月 2 日；访谈地点：西安市鄠邑区 H 村 LNM 家中。

参与这种集体性的大型民俗活动，为乡民社交开辟了新渠道，在访谈一位村长的时候，他就表示："办这个活动，我最大的欣慰是我们村很多原来老死不相往来的人，现在见面居然可以说话了，我就看见过好几回，真惊奇，有的都是矛盾挺深的那种。"①这种关系的改善很大程度上来源于迎祭活动所提供给乡民的共在关系，乡民在这种共在关系中打开了相互观察、相互交流的可能。乡民在其中能够依据具体而生动的事件，对其他乡民进行再审视和再评价，这种重新建构的认知为打破乡民之间的关系坚冰提供了可能，所以我们看到乡民在民俗活动中建立和改善的关系是基于共同完成这一民俗活动的生命实践，这使得他们更加看重和珍惜这种关系，这本身构成了情感纽带和地缘血脉，而不是关系带来的物质利益，从而使得这种关系建构具有了超越世俗功利的意义和价值。

---

① 访谈人：LQL；访谈时间：2016 年 3 月 28 日；访谈地点：西安市鄠邑区 H 村党员活动室。

第三节　乡民共有情感的培养：集体性的共有实践

虽然迎祭城隍民俗活动深刻镌刻在乡民集体记忆中，但是由于轮值迎祭的时间间隔较长，18~25岁的很多成年乡民仅仅限于观看和了解，并无亲身参与的体验，这使得他们对于迎祭城隍民俗活动缺乏系统而真切的了解。只有当乡民参与其中，共享这场民俗活动的时候，才能生成真实的面对面"共同在场"的交往。正如马克思所说，"社会生活在本质上是实践的"①，实践贯穿着乡民参与民俗活动的全过程，是乡民们集体性共有实践。在民俗活动的体验中，他们获得属于自己独特的生命体验，而这种生命体验又和集体紧密联系在一起，乡民在你来我往的频繁交流中，感受着彼此，也感受着整个村庄。

以女性化妆为例，随着乡村生活水平的日益提高，在田野调研中时常能看到化妆的乡村妇女，尤其是年轻女性。一位乡村年轻女性就说："我们村现在喜欢化妆

---

① [德] 马克思，[德] 恩格斯. 马克思恩格斯选集（第1卷）[M]. 中共中央马克思恩格斯列宁斯大林著作编译局编译. 北京：人民出版社，1972：18.

迎祭城隍中的妇女

的年轻女子不少，手机上有好多教怎么化妆的视频，还有直播，我们都喜欢看，也爱交流这个，年轻人都喜欢这个。"① 现在参与迎祭城隍民俗活动的女性无论老少，都需要化妆上场的，以增加喜庆气氛。有位年逾60的女性就说："人家都说要化妆呢，我们都这么大年纪了，也要化的，人老了也爱美。"② 而如今的化妆已与之前大不

---

① 访谈人：化妆的女性乡民；访谈时间：2016 年 2 月 19 日；访谈地点：西安市鄠邑区 S 村。
② 访谈人：化妆的女性乡民；访谈时间：2016 年 2 月 19 日；访谈地点：西安市鄠邑区 S 村。

相同，之前的化妆十分简单，仅有白粉、口红和胭脂几样，一般由妇女之间相互化妆完成，现今各村都普遍邀请专业化妆师，这使得化妆时间较之前拉长很多，专业性也随之提高了很多，一般在早晨4点多就拉开了化妆的序幕，由于村中女性参与者众多，整个过程要持续二至三个小时，热闹非常。

在田野调研中曾参与过一次女性集体化妆，当时有三位化妆师被邀请至一位女性民乐会成员家中为民俗表演参与者进行化妆。进入院子，就看到一楼正屋和偏厅早已人头攒动，屋内更是老老少少人声鼎沸，妇女们三三两两聚在一起，但这种聚合变动的速度又十分快，她们会因为新人群的加入、话题的转移快速组合成新的小群体，妇女们在其中围绕着各自的兴趣穿梭着，使得整个化妆场面富有活泼的流动感。有的妇女挑选着化妆师带来的形色各异的化妆品，有的妇女围绕几位化好妆的妇女评说着妆容，有的妇女在网络上搜寻自己中意的妆容，妇女们时而和这位聊聊，时而和那位聊聊，其间几个化完妆的妇女又跑过来，觉得自己的妆容不满意要化妆师再次修补……整个屋中充满着关于"美"的各色信息交流。我们随机采访了几位妇女，有几段谈话非常精彩："我们上次接爷，还没这么多化妆的东西，那时候我才刚结婚，就是白粉、口红，涂两下胭脂，现在我也

40多的人了，平时忙，也不捯饬这个，正趁着要美一美呢。""你看我们这么多人，这么多妇女集合一块化妆，算起来也是我们村最大的一次了。""你看我们都不一样了吧，化化就是好看。"① 可见这次集体化妆，对于村中妇女来说是一次全新的生命实践，它打破了化妆的个体行为性，而使化妆成为联系参与民俗活动女性乡民的媒介。这些乡民中有的日常极少化妆，有些人虽然化妆，但都是自行在家里完成，而集体化妆，将这一过程成为一个共享的群体事件，通过化妆，每位乡村妇女既追求着自我的美丽，更参与到相互美丽的构建中来，化妆的过程充满了欢乐，她们互相鼓励着、参谋着和调笑着，集体化妆成为村中妇女一场盛大的聚会，并通过这种聚会将集体和个体实现了充分的联结，乡村女性在其中感受着自我的欢愉，也构成着集体旺盛的生命力。

所以，迎祭城隍民俗活动为乡民感受乡村、感受彼此提供了契机和平台，集体以十分具体而生动的民俗活动将个体生命紧紧联系起来，为延展和打开个体生命

---

① 访谈人：化妆的女性乡民；访谈时间：2016年2月19日；访谈地点：西安市鄠邑区S村。

积极努力地拓展着边界。在正月迎祭城隍民俗活动结束后，我们随机去访谈村中乡民，他们对于活动描述的主语通常是"我们村""我们"，从中能够深深感受到大型民俗活动对于乡民与集体情感塑造的积极意义，村庄和乡民在其中得以彼此交融，在融合中生成着紧密的关系。

第四节　乡民文化能力的提升：文化传承与创新能力的培养

迎祭城隍民俗活动是西安市鄠邑区一项历史悠久的民俗文化，而传承这项民俗活动的主体就是乡民，参与迎祭活动本身也就意味着乡民对传承民俗担当起自觉自愿的传承义务和责任。在田野调研中，我们看到迎祭城隍民俗活动培养了乡民一整套关于乡土民俗的"地方知识"体系，并且跨越了它所承担的某项具体的民俗责任，即无论乡民在迎祭中的位置如何，都可以就整个迎祭的诸环节进行探讨和交流。我们曾广泛地与承担不同民俗活动的乡民交流，比如，围绕迎祭中文武官、三老、主祭人等祭祀关键人物的选择标准，所访谈的乡民都能多多少少说出关键性的选择因素——德行。"德行"是参与祭祀人员最关键和最崇高的标准，没有之一。只有在乡村中道德尊贵、行为端正乡民才能够担当起祭祀人员，这是金钱和权力所无法干预的，有位乡民非常生动地说："有德行人站在上面，就看着隆重庄严，没德行人站上面也是哈哈（地方言意为把事态变坏）。"[1]可见，迎祭城隍民俗活动培育了乡民乡土民俗"地

---

[1] 访谈人：KYM；访谈时间：2017 年 8 月 13 日；访谈地点：西安市鄠邑区 KYM 家中。

方知识"的完整体系，并没有显示出为承担这一民俗任务而导致的知识缺失，民俗活动的整个场域呈现出生动的乡土知识教育功能，不但能够培养出乡民对某项民俗活动精细化知识，更通过乡民的观察和交流，为其他知识的形成提供了足够的保障。一切乡土民俗知识都以活态的、参与性、实践化的方式给乡民带来生动、具体、可感的教育和实践，切实完成了乡民乡土民俗"地方知识"的培养和教育，从而使得乡民能够切实地承担起传承民俗知识的功能和作用，实现着乡民和乡土文化的合一。

当然传统并不意味着一成不变、故步自封，而是自身孕育着各种新奇的创造力，这使得传统就像一棵茁壮的大树，在不断长出新芽、新叶、新枝干，显示出传统文化勃勃的生命力。这使得乡民在参与民俗活动中，一方面，依靠之前的"集体记忆"将之连缀起来构成再一次的迎祭过程，同时，这一过程并非简单地复制、模仿和重复，而是充满了乡民根据当下的生活背景和时代风采进行的创新，在这一过程中乡民的文化创造能力既得以展现，更得以提升，显示出乡村文化鲜明的时代特色。

首先，轮值村庄在筹备过程中都进行比较性学习。在田野调研中可以看到，乡民对这项民俗活动具有自觉的记录传统，从20世纪刚刚恢复后，不少村庄就开始使用录像带记录这项民俗活动。进入21世纪，逐渐开始使用光

碟，现今数字化的保存碟片仍旧是沿袭的方式，另外，越来越多的高清录像被保存在大容量的U盘中。这些珍贵的视频资料成为每个轮值村庄学习的基础，通常乡村精英都会去观看近些年来迎祭表现突出村庄的视频资料进行学习，"我们找了3个村子的视频资料进行学习，这都是这几年我们这里迎祭好的、我们民乐会、各个民俗表演队领头的、参加祭祀仪式的都学习了"①。这种比较性在乡村精

① 访谈人：KYM；访谈时间：2017 年 8 月 13 日；访谈地点：西安市鄠邑区KYM 家中。

英中建立起了对于迎祭城隍民俗活动的整体认识，对其记忆中模糊部分作出了填补和修正，也促使其思考在本村迎祭活动中如何体现出特色。"看了人家的，有个比着的，就能好好想想自己咋弄。"①此外我们看到，因为迎祭城隍民俗活动是鄠邑区最为隆重的春节民俗，本身参与观看的乡民人数非常庞大，所以乡民通过对不同村庄迎祭仪式的观看，也能够建立起对其他村庄迎祭城隍民俗活动客观的评价和整体感知："这些年大家日子都越来越好了，接爷的阵势都越来越大，这几年接爷村子都离着我村子不远，我都看了，我觉得某某村锣鼓好，某某村的广场舞跳得好，其实每个村都有好的，都有特色。"②

其次是轮值村庄在筹备过程中的网络型学习。当今现代传播与通信日益发达，数字技术、多媒体、互联网、电脑等信息传播的新方式深入大众生活，人类进入了社交媒体、大数据、云计算的新时代，乡村智能手机的用户大比例提高，在田野调研中鄠邑乡民60上下年纪能够相对自如使用智能手机亦属常见，乡民对于文化资源获取的手段

---

① 访谈人：KYM；访谈时间：2017年8月13日；访谈地点：西安市鄠邑区KYM家中。
② 访谈人：LYL；访谈时间：2017年4月20日；访谈地点：西安市鄠邑区Z村LYL家中。

和方式大大拓宽，这使得在迎祭城隍民俗活动中很多的文化元素来源于网络。每个村庄热爱民俗活动的乡民在日常中对各地的民俗活动都热衷搜集和整理，尤其是通过网络获取的信息，在一位热衷民俗的乡民微信里收藏有大量的异彩纷呈的民俗表演，包括戏曲、舞蹈、武术、杂技等，"我特别喜欢热闹，只要有时间，听说哪里有热闹就喜欢去，自己村里我也经常组织秦腔自乐班、过年的锣鼓队、家里人都支持我"[①]。这样的乡村文化人才，为了使本村的民俗表演有亮点、更突出，在迎祭筹备中无不自觉、积极、广泛地关注网络和电视上同类型的民俗表演，以期寻找到可以加入本村民俗表演中的新元素，从而将现代传播方式自然引入民俗表演的过程中。当找到适合与本区域民俗相契合的新民俗元素后，通常会以聚会的形式分享各自寻找的创新亮点，大家聚在一起反复观看、讨论，最终确定哪些新元素将会使用在本次民俗表演中。一旦确定后，又会集体观看、学习、利用熟人间人际传播，扩散出去，向大家征求意见，并最后确定，进入到排练环节。其中特别注意的那些民俗新元素的选择，是乡民站在审美

---

① 访谈人：沿途观看游城隍的乡民；访谈时间：2018 年 2 月 27 日；访谈地点：从 Z 村到 X 村的迎神途中。

需求和文化需要的基础上的主动选择，不是外迫性和强加性的。比如，这几年在迎祭城隍民俗表演中的腰鼓队，有的村庄以外请节目的方式，有的村庄则选择自己排练。在多次围绕迎祭村庄为什么会选择腰鼓这一民俗表演新元素访谈中，乡民都表示，一来是陕北安塞腰鼓声名远播，更为重要的是鄠邑区本身也是鼓舞之乡，虽然在艺术表达方式上各有千秋，但因都具有鼓舞的形式，所以乡民们更为喜欢练习和观看，这是选择腰鼓队的主要原因。可见腰鼓队的选择，是基于本地区民俗知识周全考虑的基础上完成

迎祭城隍中的腰鼓队

的、既突出了区域特色，又在此基础上不断汲取新的民俗元素加入，促进区域民俗元素的多样化和丰富化。

再次、参与乡民的迎祭城隍民俗排练。整个排练过程，无论是仪礼训练还是民俗表演训练，都完成着乡民关于"地方知识"的再生产。迎祭城隍民俗活动由于轮值村庄较多，每个迎祭村庄历经相当长的时间才能再次加入，成为轮值村庄，这使得很多乡民尤其是年轻乡民对民俗表演仅限于了解和观看，而轮流迎祭的亲身参与使得他们获得了一次全面感受民俗表演的亲身体验，促进了集体记忆的延续，使得乡民尤其是年轻人"在特定的互动框架之内，这些知识驾驭着人们的行为和体验，并需要人们一代一代反复了解和熟练掌握它们"[1]。其丰满着乡村社会记忆，提升了"一个大我群体的全体成员的社会经验的综合"[2]。正如上文所说，由于参与乡民间的关系相对平等，以及民主决策制度建构，使得乡民参与民俗不受强制性的权力控制，彼此之间更多体现为一种协调，这使得乡民之间在合作关系上是平等基础上的互动、协商和妥协。迎祭城隍民

---

① [德] 哈拉尔德•韦尔策. 社会记忆：历史、回忆、传承 [M]. 季斌、王立君，白锡堃译. 北京：北京大学出版社，2007：13.
② [德] 哈拉尔德•韦尔策. 社会记忆：历史、回忆、传承 [M]. 季斌、王立君，白锡堃译. 北京：北京大学出版社，2007：6.

俗活动排练过程中所有信息呈现出开放、平等、双向的平等性特点，从而保障了信息正常、快速地流转，不会出现"滞留""截留"（"截流"）现象。也正是因为这种参与的平等性和决策的民主性，传播主体与传播客体之间的界限在某些时段是模糊的，传播主体是多元的、流动的，而不是固定的，即传播客体因为合理的建议和意见很容易反客为主，所以两者随时可以彼此互相学习、借用和改造。换言之，民俗活动中的组织者、传播者和参与者，其角色和主客关系可以自如切换，各尽所能，提高组织和传播的效率，显示了乡民在传播过程中极强的主体性，推动着和谐共生多元化传播模式。民俗组织者迫切需要接受民俗参与者的反馈，从而确定下一步的行动。可见在迎祭排练过程中，正是这种信息的自由流通性确保了乡民在民俗活动中文化创造能力的培养。乡民自主对文化信息加以吸收、消化和采纳，并根据个体知识素养，通过民主决策的方式，对集体知识不断作出贡献。当个体贡献得到集体的承认时，无疑能够有效形成个体的荣誉感，这种村庄集体赋予个体的荣誉感，加深了村庄集体和乡民个体间的紧密联系。

第五节　乡村认同建构：集体意识和乡村公共性再生产

鄂邑区北乡迎祭城隍民俗活动能够有效地建构乡村认同，这既是乡民身在其中如何完成人格提升和能力发展的过程，也是乡民通过大型民俗活动与集体不断互构的过程，最终实现集体利益与个体利益的结合，培养和发展着集体意识。

首先，参与迎祭城隍民俗活动可完善乡民的关系建构，从而助力其人生发展。目前乡村的社交关系，大致可分为三种类型：一种是熟人或者半熟人；另一种是自己人；第三种是陌生人。所谓"自己人"是指乡民之间相互信任度高，具有相互勾连的共同利益；"熟人"指的是相互认识，有一定的交往，但没有过多的利益往来；而"陌生人"，并非绝对的陌生。多次访谈中，当乡民提及自己对某些同乡比较陌生的时候，笔者进一步追问，乡民仍能说出这家同乡的一些情况。而"陌生"其实是指两家之间相互往来甚少，不太熟悉。此外，这种陌生还可能隐含着两家之间种种难以调和的矛盾。迎祭城隍民俗活动为乡民之间铺展开了广阔的社交网络，通过参与民俗这一具体事件，让乡民处于一种阶段性的共在关系中，这首先充分打开了乡民之间的相互观察和相互评价的途径及方式，正是这种共在关系让乡民之间不活跃的或趋于冷漠的关系有了重新建构的可能。另外，乡民在参与民俗活动过程中，自身处于动态变化和发展中，民俗实践不断提升着个体的文化传承和创新能力，而这种能力提升让乡民以一种更好的面貌展现自我，提升自我的价值感和存在感。共同参与迎祭城隍活动使得乡民之间的信任与情义不断加深，有效地促进了乡民之间社交关系的升级，它让陌生人变成熟人，将熟人变为自己人，甚至把陌生人直接变为自己人（上文提到的介绍工作就是生动例子），它为乡民的发展开拓了人际关系网络，牢固和扩充着乡民基于地缘、血缘的关系，为乡民的人生规划和发展提供了更为丰富的人际资源。

其次，参与迎祭城隍民俗活动不是希求经济回报的趋利行为，这使得乡民参与民俗活动在根本上是从自我兴趣和能力出发，定位自己在民俗活动中的位置，从而承担相应的任务；而民乐会的分工也充分尊重乡民的个体情感，满足乡民的合理诉求，从而体现出马克思"自愿分工"的特点。这样的分工不是对个体进行强制，而是充分尊重了个体的自由选择。分工是乡民自愿选择的，从而也乐于接受，他们自然会产生对民俗自组织中个体位置的强烈认同。迎祭城隍是乡民自由的劳动，是积极的创造性劳动，每个乡民都得到了自由和独创的发展。它充分发挥

迎祭城隍中的锣鼓表演

着乡民在文化实践中的主体性，从而服务于人们全面而自由的发展。对于自由天性的尊重和满足正是这一民俗活动能够构建乡村认同的源泉。通过参与和观看祭祀礼仪及娱神表演，乡民运用自我丰富的感觉系统，完成着人现实的实现。"人以全部感觉在对象世界里肯定自己，这充分展示了人全面而深刻的感觉、丰富的需要、全面发展的能力，是人的全面自由发展的展现"[1]。同时，公益性的劳动远离了物质利益的侵蚀，阻拒了金钱异化导致的"自我目的的人的蔑视"[2]。尊重和保护了乡民进行文化生产和文化

---

① 刘芳. 马克思文化思想生产与文化产业发展 [J]. 东岳论丛。2014（9）：88.

② [德] 马克思，[德] 恩格斯. 马克思恩格斯全集（第 1 卷）[M]. 中共中央马克思恩格斯列宁斯大林著作编译局译。北京：人民出版社，1956：449.

消费的自由探索与创新的精神，彰显了乡民个体的独立人格，这种分工本身构成着对于物质世界的超越性。分工为个体参与迎祭活动提供了展现自我的充足时空，保证了个体对自组织参与的自主性，并因之避免了规范对个体专才的压制，抵制了"劳动不是自愿的劳动，而是被迫的、强制的劳动"①，从这个意义上来说也就避免了"异化"的危险。同时，外在的制度也遏制了乡民个人利己主义的膨胀，有效维护着在平等民主基础上进行的双向互动、乡民群策群议、协同配合、团结互助，防止了纷与争强权法则的肆意横行。

再次，参与迎祭城隍民俗活动，实现了个体利益与集体利益的基本统一，培养了集体意识，实现了乡村认同。迎祭城隍民俗活动以集体方式提供给乡民展现自我、发展自我的空间平台，而乡民获取到的发展又汇聚成为集体活动的精彩展现。个体和集体以相互滋养、相互成就的方式，调和、跨越乡村和乡民之间宏观与微观、个体与社会的惯常二元论对立的可能。乡村文化以文化实践的方式内化到了乡民的生命过程中，乡民努力调动自

① [德] 马克思. 1844 年经济学哲学手稿，见：马克思恩格斯全集（第 42 卷）[M]，北京：人民出版社，1979: 94.

大城隍社什王村迎祭城隍

我的文化素养为乡村文化盛事增光添彩，乡村和乡民实现
着深度的共生和互涉，其呈现为乡民与乡村积极互动互
构的乡村认同，体现出"个体的行动、个体间的互动、社
会结构都是相互包含的，它们并不是各自分离的客观现
实，而恰恰构成了同一现实中的两重性"[1]。在正月迎祭仪

---

① Jonathan H Turner.The Structure of Sociological Theory[M]．Chicago: The Dorsey Press,1986:485.

式结束后对不同村庄进行访谈时，乡民们总能把自己和乡村紧密联系在一起，共同表达着对这片生养土地的挚爱，"村里有这么大的活动，我们才能在一起耍热闹，我们村子能弄得这么好，真是我们大家都出了力。这段时间我出去给人家做活（乡民出去打零工），听说我是这个村的，都说我们村接爷接得好，我心里也挺光彩"①。可见，"人创造环境，同样，环境也创造人"②，达成了个人充分实现价值与乡村群体共同利益的基本统一，个人与群体在互相依存中实现了对规则的共同遵守和对资源的共同享有。乡村群体成为"社会成员平均具有的信仰和感情的总和"③，集体意识深深植根于每位乡民的个体意识中。这种集体意识并不依赖个体意识而存在，从而使得乡村并不仅仅是乡民个体的组合，而是"一个拥有自身意识和实在的本体性的存在"④。并且这种集体意识显示出极强的相似

---

① 访谈人：LSM；访谈时间：2017年8月14日；访谈地点：西安市鄠邑区H村LSM家中。

② [德]马克思，[德]恩格斯. 马克思恩格斯文集（第1卷）[M]. 中共中央马克思恩格斯列宁斯大林著作编译局译. 北京：人民出版社，2009：545.

③ [法]涂尔干. 社会分工论[M]. 渠东译. 北京：生活·读书·新知三联书店，2005：42.

④ 孙帅. 神圣社会下的现代人——论涂尔干思想中个体与社会的关系[J]. 社会学研究，2008（4）：82.

性和普泛性，从而使得乡村作为集合体就相对容易掌控乡民的价值体系和情感指向，使"所有社会成员的共同观念和共同倾向在数量和强度上都超过了成员自身的观念和倾向"①，从而重构了乡民对于乡村的认同、有助于实现乡村和睦美好的生活。

---

① [法] 涂尔干. 社会分工论 [M]. 渠东译. 北京：生活·读书·新知三联书店，2005：90.

第七章　西安市鄠邑区北乡迎祭城隍 民俗活动的道德建构

当现代化的潮流席卷而来时，乡村的道德大厦面临着严峻的考验，尤其是当下主流价值观的扭曲对乡村的道德秩序造成了严重的侵蚀。而西安市鄠邑区北乡迎祭城隍民俗活动既蕴含着丰富的乡村传统道德元素、暗含乡村内部各种关系，又不断融入现代道德，是乡村道德提升和发展的动力源泉。迎祭城隍活动是面对当代乡村陷入道德困境的状态下，引导乡民弘扬道德、重视道德教育的一股重要力量。

第一节　乡村传统道德承继

迎祭城隍民俗活动虽屡遭各种政治运动的破坏并经历社会的深刻变革、但其内生的传统道德元素仍在乡村坚韧而顽强地生存着。乡村传统道德元素以迎祭城隍活动为依托，依靠民间力量的支持和乡民自身的热情不断传承。"每一个村庄里都有一个中国、有一个被时代影响又被时代忽略了的国度，一个在大历史中气若游丝的小局部"①。迎祭城隍活动的举办正是以乡村最基本的社会单位——村庄为基础展开的，各个村庄轮流承担迎祭城隍活动的责任。在市场经济和城镇化不断推进的潮流下，乡村传统道德日益弱化，而鄂邑北乡迎祭城隍大型民俗活动的举办使得传统弱化而现代道德价值还未建立的转型阶段有了传统道德的新生和指引。在迎祭城隍民俗活动的准备、组织、协调和举办的各个阶段都孕育着乡村传统的道德元素，展现着乡村社会淳朴、敦厚的风气，对乡村生活秩序的建构具有重大意义。

一、乡本观念

"农村最大的特征在于其乡土性，也就是说农民被束缚在不大的一块区域内生活，借此而产生出其他的一些社会性事物来。"②乡村传统道德正是乡土情结的体现，迎祭城隍民俗活动不仅弘扬了乡村传统道德，而且展现了深厚的乡土文化。乡民对乡土的依恋通过迎祭城隍民俗活动饱满地体现出来，同时，这个活动每年轮流举办也反映了乡村道德以民俗的方式深刻回归到乡民日常生活及其精神世

① 熊培云. 一个村庄里的中国 [M]. 北京：新星出版社，2011：1.
② 费孝通. 乡土中国　生育制度 [M]. 北京：北京大学出版社、1998：6.

界中来。

　　每个村庄能够再次成为迎祭村庄都需要漫长的等待，这使得乡民参与迎祭城隍民俗活动都充满了热情、希望在迎祭城隍的活动中扮演角色。为了保证迎祭城隍活动的顺利开展，腊月会展开各项民俗活动的排练工作，因为有些乡民白天还有工作，所以训练基本都选择夜晚。天气十分寒冷，训练时间一般在两个小时左右，且参与民俗训练的乡民都是无偿的，但是乡民们仍然非常积极、踊跃。乡民们认为，能参加迎祭城隍民俗活动，既是自我价值的

王守村村民为迎祭城隍排练锣鼓

充分体现，更是家族的荣耀、整个村庄的荣耀。这种由时间感而带来的对于人生价值和宗族荣耀的认识与体验在农村是非常难能可贵的，参与迎祭城隍民俗活动成为让农民摆脱日常的繁重劳动、摆脱因生存压力而缺乏精神享受和精神愉悦的惯常日子的一次机会，成为为数不多的让农民去体验生命、认可自身价值、展现宗族荣耀、了解并且传承乡土文化的一次机会。

乡村传统道德生长于农耕文明的土壤之中，以血缘、地缘关系为纽带，在各种生产生活实践中被传承和弘扬，尤其和民俗文化相表里，世代传承。迎祭城隍民俗活动在53个村庄之间按年轮流迎祭，每一个轮值村庄，都会竭尽所能把节目办得有特色、有新意，从而展现本村的精神风貌。乡民们都常常夸耀自己村庄民俗活动的独特性，比如，举办活动的规模史无前例，对联、祭祀城隍祭文的文采斐然开启了念祖文的先例等，特别强调自己村庄的开创性和创新性。这极大地唤起了乡民对于乡土的炽热情感，提升了乡民在举办迎祭城隍活动中的强烈归属感，体现出强烈的乡土观念。

二、忠义美德

鄠邑区北乡迎祭城隍大型民俗活动奉祀的城隍神为不同历史时期的英雄人物，其被乡民奉祀的主要原因是他

迎祭城隍社火《荥阳忠烈》

们身上所体现出的忠义美德，具体体现为救民于水火、为民请命、禀性忠烈、忠心耿耿、舍生取义、保国安民等品质。被奉祀为城隍神既是对其忠义行为的肯定和膜拜，更是对这些高尚道德品质的弘扬。在迎祭城隍活动中，乡民积极热情的参与，不仅对这些忠义英勇的行为有所了解，而且也会从自身去反省和学习，"接爷首先就是弄清楚为啥接这个爷呢，城隍都是活着的大英雄死后奉为神的，都是做了大事情有大功绩的"①。每一次的参与和观看迎祭城

---

① 访谈人：MYH；访谈时间：2017 年 8 月 15 日；访谈地点：西安市鄠邑区 M 村村委会。

隍民俗活动，城隍神崇高的忠义精神都会得以彰显，特别是各个村庄迎祭城隍的祭文，无不充满了对城隍神高尚品德的歌颂和赞美，对乡民起到了道德教化和精神感染的重要作用。

迎祭城隍各项活动的顺利开展离不开村民乐会的良性运营。组织活动的核心人物要在村庄具有高度的道德威信，只有如此，方能在村庄形成道德认同和道德向心力，促进乡村资源自觉地投入迎祭城隍民俗活动中来。也只有高度的道德力，才能在上任后具有很高的号召力和由此带来的行动力。可以说，迎祭城隍民俗活动的优秀组织者，无不是为村庄建设发展贡献过巨大心力的人，他们的德行在乡民之间被赞赏和推崇，堪称忠义美德的时代典范。他们不单为乡民所称颂，更会引起乡民的道德反思和道德看齐。除此之外，整个领导组织机构成员合作精神和集体观念也是基于道德的认可，这种以身作则、无私奉献正是忠义品质的彰显。

三、节俭不奢、敦睦邻里、尊老慈幼

迎祭城隍大型民俗活动的成功举办离不开资金支持，这项活动的资金都来自于乡民的自愿捐款，其中经济实力好的乡民捐款数额相对大，乡村企业也在捐款中占有比较大的份额，捐款结束后，每个村庄均张贴红榜公示捐款的

数额。筹得的款项都由民乐会统一调配、乡民集体监督，因为民俗活动资金均为齐心协力筹到，所以各村在使用上都具有明确的规定、备有详细的计划，强调用于必备品的购买，如锣鼓器乐的修补添置、演出服装的统一购买、祭祀用品的采买等。在各村访谈中，都非常明确提到筹款不得用于吃喝，且采买物品人员数量也受到严格控制，其误餐补助一般都在20元以内，各村民乐会在财务管理上的宗旨均为尽可能地节省不必要的开支。如王守村为了节省重新修建城隍神殿的经费，民乐会与村委会多方协调，将原村小学的一处小院隔开，作为城隍神像的安放地，省去了一大笔开销。总之，每个村子在迎祭城隍活动中都处处发扬节俭不奢的美德。

通过举办迎祭城隍活动，村民深深地感受到村庄的凝聚力、向心力。在这一民俗活动中，村民之间长年累月形成的一些矛盾痼疾得以减缓和化解。过去因为矛盾相互不搭理的村民，经过迎祭城隍的洗礼，关系融洽了，见面能够相互问候、嘘寒问暖了，这种改变极大地改善了村里的和谐气氛。在迎祭城隍活动中，常年见不上的乡民相互有了交流的好机会，很多村里不熟悉的人也借此熟络起来；聚集起来的乡亲热衷交流务工和农业信息，在交流和攀谈中很多乡民逐渐对新的一年有了新的规划和期待；乡村因聚人心、得民心而更加和谐、融洽。由此可见，迎祭城隍民俗活动对乡村社会秩序的维护作出了突出的贡献。

迎祭城隍活动的参与群体非常广泛，中青年、老幼皆投入其中，因此在整个活动中需要根据不同年龄阶段的人群给予区分和安排。在组委会组织架构里面，特别强调了老中青的搭配：老年人办事情相对稳妥、经验丰富，适合出谋划策；中青年人思维活跃、创新力强、精力旺盛能跑前跑后，具有较好的执行力。这样的结合不但将不同年龄段的人的优势凸显出来，促进了传统文化的代际传承，而且也弘扬了中华民族尊老的传统美德。很多民乐会都聘请常年为迎祭城隍民俗活动和村中各项集体活动热心奉献的老年人为顾问，以示尊崇。如皇甫村在迎祭城隍大典的启动仪式上，专门将曾为村子作出重要贡献的老年人请到主席台上就坐观礼，体现出"尊老爱老""以人为本"的高度人文情怀。在迎祭活动中，上有七八十岁的老人，下有六七岁的小孩，考虑到孩童和老人都不适合长途跋涉，各村民乐会都特别为这两个人群安排有专车接送，使得整个民俗活动都洋溢着尊老慈幼的传统美德。

第二节　乡村现代道德的输入

迎祭城隍民俗活动既蕴含着乡村传统道德精髓的承继和弘扬，同时在制度建构和价值观培养中，现代道德也渐渐融入其中，从而使得乡村道德以精神的力量约束着人们，并作为一种隐形的规约在迎祭城隍民俗活动中不断生长和壮大。

一、纪律制度——约束与规范

"纪律"就是使行为符合规范、纪律意味着在特定条件下重复的行为。[1]为了保证城隍迎祭活动能顺利进行,迎祭城隍民俗活动的管理机构——各村民乐会都十分注重组织机构的搭建、管理和监督机制的确立、这使得迎祭活动各项安排以及事后反馈都体现出良好的纪律制度,"人类私欲只能在他们所尊重的道德力量面前有所收敛"[2]。正是这种纪律制度、使得乡民在活动参与中积极配合,并且规范自身。在迎祭城隍活动的组织机构搭建方面、各个组织机

---

① [法] 涂尔干. 道德教育 [M]. 陈光金、沈杰、朱谐汉译. 上海: 上海人民出版社, 2006: 33.

② [法] 雷蒙·阿隆. 社会学主要思潮 [M]. 葛智能等译. 上海: 上海译文出版社. 1988: 341.

构的管理人员都需要遵守内部组织规定，包括各项民俗娱乐活动参与人员的选择、明确自身管理范围之内的责任、避免越权和失责、协调组织内部关系，等等。这些规定使得民俗活动的组织有制度规范可循，从而提升了民俗活动的实效性。在监督机制确立方面，首先，理事会对各项民俗表演活动和仪礼祭拜活动都制定了日程表和检查表，其中，日程表是保证各项工作有序地展开，检查表是对各项工作规定的各项指标督促其完成，这一制度规范的实行，使得整个排练过程非常紧凑，排练效果得到了保证，而且排练中出现的问题也能及时得到督促与改进。同时，迎祭活动的各项安排都有完备的规范，其细化到各项活动的时间、人员、地点、具体负责人等方面。整个迎祭过程包括四个环节：启动仪式、迎祭来回、交接仪式及其安放仪式。因此，理事会要对整个迎祭路线作出合理的规划，并且还要考虑到沿途民俗活动的展演，以及安排集中表演的地点，保证演出地点有足够的空间满足演出和观看，不至于出现任何交通问题。这使得在迎祭城隍民俗活动中，纪律制度被反复地强调和贯彻，在此规范下，乡民的道德素养得到了很大的提升。

其次，因为迎祭城隍民俗活动对于乡民是共享性的知识和共享性的实践，加之乡民乡土生活日积月累形成的日常知识，使得乡民有能力参与到对民乐会管理运行的监

小王店村迎祭城隍锣鼓表演

督中来，促使在民俗活动中的任何失范违规，都会在乡村内部以极快的速度传播，从而形成强大的内部舆论场域，推动民乐会的管理人员作出申诉和处理，并在其中重申纪律管理制度。道德是由不计其数的特殊规范组成的，这些规范既是固有的，也是具体的，能够使人在自身所处的不同情境中做出符合道德规范的行为①，这些制度规范对参与者形成了无形的约束力，促使参与者在制度规范中不断

---

① [法] 涂尔干. 道德教育 [M]. 陈光金，沈杰，朱谐汉译. 上海：上海人民出版社，2006：22.

约束和提升自己。同时，合理规范的纪律制度在某一村庄得到良好的运行后，会因此传播到其他的迎祭村庄得以借鉴学习，在运行过程中，又会不断地在总结和反馈中得以完善。在各个组织机构通力合作、遵守规范，相互约束下，迎祭城隍民俗活动不断壮大并且得到了更广泛的支持。

二、集体意识——互助与合作

迎祭城隍活动作为集体性活动，需要特别突出集体意识，这种意识可以使这种大型民俗活动从准备阶段、组织阶段、开展阶段到事后反馈阶段的各项活动顺利开展，有助于乡民建立和改善关系。迎祭城隍民俗活动对一个村子来说是多年一遇的大型集体活动，乡民在民俗活动中自我得到充分展现，这激发着乡民积极广泛地参与，甚至出现了全家老少齐上阵的场面——乡民将之视为一次非常难得的机会。随着乡民文化生活水平的提高，民俗表演的种类越来越多，整个迎祭城隍的队伍不断壮大，充分展现了村庄的团结精神，以及村庄在活动举办方面的优势。在迎祭活动的各个阶段，乡民们都以集体主义为原则，以齐心协力、举办好迎祭城隍活动为目标，当个人利益与集体利益冲突时，乡民自身也能协调好关系，以集体大局为重。村民之间由于日常生活产生的一些纠葛，在迎祭过程中，由于共同合作，促使他们对过往的矛盾产生新的理解，很大程度上促成了日常矛盾的解决。当然，有旧矛盾的解决，也有新矛盾的产生，但这些在民俗活动中产生的矛盾会在集体主义和顾全大局的意识下通过协商得到很好的解决。整个迎祭城隍民俗活动中集体成为乡民关照的核心，正是这种集体力量的感召，使乡民在活动全程显示出较好的顾全大局、积极参与、共同合作等社会道德元素。比如，民俗表演中锣鼓队、广场舞和秧歌队等参加人员都要提前至少一个月进行排练，并且这些排练多数时间都在晚上进行，有些村民们白天都忙于上班、家务等，尽管一天下来身心疲惫，但为了集体，都能积极参与活动，仅有极少数乡民会因各种原因而放弃参加活动，这一比率在每位乡民参与民俗活动排练次数上所占甚小。为了使正式的迎祭活动能顺利进行，在晚上排练活动中，乡民都能尽心竭力地排练、互动合作，为迎祭城隍民俗活动贡献力量。

三、公正平等——奉献与尽责

在现代社会，受世俗化和多元化的冲击，身为"社会人"，在物欲横流的社会，人们为了追求物质而违背道德，使得各种不良竞争、丧失责任、逃避问题的现象出现，而迎祭城隍民俗活动中的人员配置对之进行了有效的

二城隍社李伯村的迎城隍队伍

解决，从而形成了鲜明的对比。

　　整个迎祭城隍活动的组织机构及其成员的遴选，即民乐会的组建及其人员构成是整个迎祭城隍活动成功与否，以及能否顺利开展和进行的关键。因此，参选人员之间需要进行公平的竞争，最终通过民主选择的方式决定。参选者必须在组织能力、思想道德、语言沟通等方面具有相当的能力，方能取得信任。从总会长、副会长、秘书长到财务组、秘书组、会务组、后勤组、节目组的成员都要通过公开公正的方式选举，其方式既有乡民共同推选，也可毛遂自荐。同时，人员选择还要考虑到村庄内部人口结构、特别是村民小组和家族之间的权重。家族之间经济实力和威望的强弱、村民小组总人数和能人数量都是考量的重要因素，甚至还要考虑亲戚关系与本村内婚嫁等社会关系。任何时候都要一碗水端平，只有做到公平、公正，方能选出顺民心、合民意的民乐会成员，这对于推动迎祭城隍民俗活动、消除潜在的矛盾、营造和谐的氛围具有十分重要的意义。

对于乡民的安排也本着自觉自愿的原则。民乐会在分工时尽可能满足乡民对民俗活动参与的诉求，在尊重村民意愿的基础上进行整体的调控。这种公平公正的环境激发着乡民的创造力和主体性，从而使得乡民的参与和捐款热情高涨，即使乡民经济能力有限也会在活动中积极承担责任，多贡献自己的一分力量。同时，这种公平公正的环境也促使传统文化更好地实现代际传承。在迎祭城隍活动的出发、交接等仪式中，有一些传承下来的礼仪细节，乡村的老人们对此了解较为深入，但受制于年龄，执行力、行动力较差，而年轻人能够更好地执行和行动，但相对缺乏系统的迎祭城隍的仪轨知识，公平公正的参与环境，使得不同年龄阶段的人得以聚合，为他们的优势互补提供了公共空间。老人们对迎祭城隍民俗活动组织和管理面面俱到的奉献精神对年轻人产生了很大的影响，并以此将一整套乡土民俗知识传承给年轻人，这种奉献、尽责的精神在无形中得到了传承和弘扬。除此之外，上级文化主管部门、三个城隍总会及其区域治安、医疗、消防等部门在整个城隍活动中有不可磨灭的功劳，为了保证民俗活动有序、安全地开展，他们在排练过程和迎祭仪式当天，或不断去监督协调组织过程中的各种矛盾问题，或竭力配合迎祭典礼制订迎祭活动中突发事件的应急方案，这些都在外围力量上保证了潜在问题能得到顺利的解决。

公开公正的人员配置，使得乡民在彼此合作时更能体现出平等的关系，有位民乐会的成员就说："大家都是为了接爷呢，你有你的事，我有我的事，缺谁都不行，所以没有那么多谁管谁，无论谁大谁小，都要按规矩办事。"[①]平等的关系激发了乡民之间的互助合作、相互尊重，人的创造性也得以更好地呈现，也正是因此，近些年来迎祭城隍民俗活动经常能够出现一些很有亮点的民俗表演。

---

① 访谈人：DWC；访谈时间：2017 年 4 月 22 日；访谈地点：西安市鄠邑区 S 村村委会。

第三节　迎祭城隍民俗活动道德塑造的方式

一、社会性——地缘与血缘

"整体与部分之和完全不同。把这种一般的论述应用于人和社会的时候，我们可以说，正是因为人们生活在一起、而不是彼此孤立，所以个人的心灵才会彼此产生作用，作为如此确立起来的各种关系的结果，各种观念和

二城隍社周店村迎祭城隍

情感从来就不是孤立状态的心灵所带来的特性。"①可见，人是社会性的动物，其道德观念形成于交往中的各种社会关系，所以社会道德的塑造充分表现为人的社会性。首先，迎祭城隍民俗活动为乡民个体的道德建构提供了平台。乡民通过参与迎祭城隍活动深刻认识着他们归属的乡村社会，生养恩情激发乡民淋漓尽致地展现了自身的道德素养。他们上下齐心、精诚合作，不仅展现了个体精神特质和道德风貌，还使个体充分认识、学习并提升了在群体合作、规划、决策等方面的道德意识，这对乡民主体的人格建构起到了非常重要的积极作用。德行的培养显示出乡民对自我个体不断发掘的过程，并在其中不断完善自我认知、他人认知和社会认知。迎祭城隍作为群体广泛参与的民俗活动，其产生的关系网不容忽视，乡民正是在这些集体性的公共空间中培养了道德，并且这些道德元素在关系网中得到了认可和弘扬，为社会道德的整合奠定了基础。迎祭城隍活动将个体乡民和集体乡村紧密联系起来，乡民在参与活动、与别人合作时便会产生所需情感和道德元素，这使得迎祭城隍民俗活动中交织着人与人、人与组织的各种关系，因此容易产生因利益问题带来的矛盾冲

---

① [法]涂尔干.道德教育[M].陈光金、沈杰、朱谐汉译.上海：上海人民出版社，2006：62-63.

突、而有冲突的地方就有道德问题产生，"冲突是道德之母。哪里有冲突、哪里就有道德问题发生。在没有任何冲突的时间和地点，道德将会沉默或者休眠"①。道德问题的出现使人充分反省并认识自我与他人及社会的关系、从而以合理的方式解决问题、在这一过程中、社会道德元素不断孕育。民乐会这一组织机构需要充分考虑乡民们的情感和诉求、并不断传达集体的约束和规范、这使得解决问题的过程是双向的互动和互构：既有组织对个人的互动和调解、又有乡民自身在组织的引导下进行自我社会道德的建构和反思。总之、乡民只有在社会关系网中才能充分认识到道德元素的作用、并且乡民对迎祭活动中关系网的思考也是塑德的过程。在迎祭城隍活动中、乡民可以充分认识到其作为集体中一员的责任、在彰显个性的同时融入集体、在展现社会性的同时、培养社会道德、为道德融合创造条件不懈努力。

其次、乡民之间的共在性关系为地缘、家庭、家族传播道德提供了有利的条件。在乡村、邻里是在地缘关系基础上形成的、人作为群居性动物、在生活中必然和地缘接近的住户交往、从而形成道德关系。迎祭城隍民俗活动的

---

① 万俊人. 人为什么要有道德（上）[J]. 现代哲学，2003（1）：74.

广泛参与紧密了村庄的地缘关系，乡民之间的交往、沟通最为频繁，因此，相互之间的道德影响也就比较大。参与迎祭城隍活动被乡民认为是展现自身道德魅力、更好地建构人性美的途径。乡民通过参与活动，乡里乡亲之间的关系更加和谐。同时，道德楷模也会通过地缘关系对同乡之间有积极的影响。家庭也是承继传统道德的重要场所，迎祭城隍活动的参与群体广泛，很多家庭都是老少都参加。尽管各自分工不同，但是这种家庭式参与成为家庭成员培养道德、发现自身价值的有效途径。家庭成员在参与迎祭城隍活动后，各人心得有所不同，这样在家庭范围内，每个人用不同的道德元素去影响他人，使得整个家庭成为培养传承道德力量的重要场域。乡民们认为，参加迎祭城隍活动是家族的荣耀，这样既可以帮助后代扩大道德经验，促使后代子孙将这种道德意识转化为道德行为，从而使个人彰显自觉的道德力量，又能够使其更加深入地了解城隍文化，为迎祭城隍民俗活动的不断延续增加助推力。在乡村通过血缘、地缘关系承继道德是最基础而又最重要的方式，这种方式使邻里关系更加和谐，使家庭道德认知也更高。

二、模范性——引领与提升

当代乡村对于乡民来说面临着一个抽象化、陌生化的

过程，"原子化""个体化"导致的"半熟人社会"的松散聚合使得自组织内出现了一些失范的现象，突出的表现为乡民个体缺乏参照的标准，致使行为带有极大的随意性，这迫切需要乡村道德权威激发唤起乡民的道德意识，产生向道德看齐的主动性，从而有效协调个体自由与道德秩序之间的关系。关键人物的人格魅力和坚定行动，确立了新的规范和理念，极大地改变着乡民的参与态度和行为秩序。道德模范代表着社会道德的人格化，能够以形象、生动、具体的方式展示出道德教育的感染性、引领性和吸引力。

很多村民访谈的时候都会不约而同提到某些道德楷模对他们的深刻影响。以时间观念为例，多位民乐会领导在访谈中都说起过，在组织排练活动的时候，乡民的时间观念不强和组织观念涣散是一大难题，那么如何克服这一难题呢？这就需要道德楷模强有力的示范作用，"这个时候就要有人不断做榜样，来得早走得晚，让大家有个样子看，就能带动更多人按时来参加排练，这些民俗表演才能训练得更好"。而在乡民的访谈中，也对这一现象作出了回应，"冬天最冷的时候排练，有时

大城隍社兆伦村迎神礼宾

候是不想动，但看着人家这几位早早就去了，广播的广播，放音乐的放音乐，也就去了"。"你看人家都是在外面有大公司的，可还是按时按点来参与村里的活动、咱们总不能搞落后，让人家怎么看呢。"[1] 从中可以看到，道德模范在村庄建立了一种道德标准，显示出良好的道德修为。在道德模范提供的有形样本和参照下，激励了乡民求真向善的道德修为，不断积累的道德量变会最终导致道德质的飞跃，这种认同和模仿激发的道德看齐，深深地进入乡民个体内心，显示出关键人物对于人际关系调节所具有的中枢作用，其所具有的道德感召力和推动力容易引起乡民精神上的共鸣和行为上的效仿，从而能够逐渐把道德内化于心、外化于形，将民俗活动中的荣誉感、责任感推演开来，乡民生动地用方言称之为"看样样"。这种从乡民身边产生的道德模范，对于乡民最具有教育意义，因为切近，是身边的事、身边的人，乡民通过民俗排练能够生动形象地感知到道德模范身上的人格魅力，他们来源于群众是真实可感的，他们持之以恒的行动受得住群众的考验。很多乡民在提到道德模范的时候都

---

① 访谈人：随机与排练乡民访谈；访谈时间：2015 年 1 月 5 日；访谈地点：西安市鄠邑区 H 村广场。

说，每天看着人家忙前忙后，你心里自然很受教育，发自内心愿意向他们学习，从而逐渐具有了高度的道德自觉意识。正是由于榜样的示范，使得乡民在互视功能下，提升着自我的道德水平，很多乡民在迎祭城隍民俗活动结束后，都会由衷赞美自己村庄的凝聚力与团结性，所以迎祭城隍民俗活动既能够彰显道德楷模，也因之促进了有关道德承继的传播。

习近平强调，道德模范是社会道德建设的重要旗帜，要深入开展学习宣传道德模范活动，弘扬真善美，传播正能量。[①]可以利用现代科技，通过网络创建传播道德的新载体。利用大众传媒的迅捷性、持久性和多元性对迎祭城隍民俗活动中的道德模范进行宣传，将迎祭城隍民俗活动对乡村道德提升和发扬的作用通过图片或者文字的方式展现出来，从而使得道德可以更广泛地宣传和承继，让乡民在耳濡目染、潜移默化中不断感受到道德模范的教育和洗礼。

三、制度性——根基与保障

因为制度与道德具有内在的同质性，所以它们可以

---

① 徐京跃、隋笑飞. 深入开展学习宣传道德模范活动为实现中国梦凝聚有力道德支撑 [N]. 光明日报，2013-09-27.

相互影响，制度的规范使得社会道德元素不断突出，并且对人会产生潜移默化的影响。迎祭城隍民俗活动作为大型民俗活动，参与群众广泛，它的顺利开展离不开各项制度的规范运行，从组织机构人员的遴选到各项活动的组织管理和排练都有详细的制度规范。这些制度随着一个一个迎祭村庄持续的总结、反馈从而不断地细化，保证了社会道德和迎祭城隍民俗活动的有效融合和相互保障。

随着民主进程的推进，乡民的民主意识不断觉醒，因此为了满足乡民的合理诉求需要更加公平、合理的制度规范，以此来解决乡村发展中的新问题。此外，通过迎祭城隍活动的举办，活动中出现的问题不断被发现和总结，每一个村子民乐会都注意收集其他村庄有益的制度规范及其出现的问题，并注意在自己村庄举办时候继续发扬或得以规避，"我们对别村做得好的，也都学习，它们有了啥问题，我们也要注意，这样活动才能做得更好"[1]。而这些问题又可以通过不断完善和细化的制度规范被有效地解决。例如，在资金监管方面，原来的制度规则较为松散，出现了不同程度的问题，经过不断改善，到目前为止，各

---

① 访谈人：DOZ；访谈时间：2018 年 1 月 3 日；访谈地点：西安市鄠邑区 Z 村 DOZ 家中。

迎祭村庄在资金监管方面的制度变得严格而清晰，都制定出了详细的资金使用规则。例如，每笔资金都必须由多人（至少为3人）集体签字才能支配使用，其中必须有总会长、主管财务的副会长或财务总监及使用这笔资金的负责人，而每一笔资金的用途必须明确化、规范化，资金使用必须遵循节约、不铺张的原则。在这样精细严格的制度规范下，资金使用模式和监管力度都得到了很大的改观。制度发挥着调整人的行为、规范社会关系的作用，在这种规范下，道德元素在其中孕育和产生，而道德又具有极强的渗透性，它会随着时间的变化逐渐渗透于人们生活的方方面面。因此，以制度为根基，在制度保证下和道德的渗透下，乡村社会道德才能更好地在迎祭城隍民俗活动中得以凸显。

第八章　迎祭城隍民俗活动与文旅创意

　　"民俗"即民间风俗，是一个国家或民族中广大民众所创造、享用、传承的文化生活，它是紧紧依附人们的日常生活、习惯、情感与信仰而产生并且传承下来的文化现象。博大而深厚的中华文化中孕育着历史悠久的民俗文化，这些民俗文化随着人们的精神诉求逐步发展、演变、

迎祭城隍中的龙舞

实现着代际传承。陕西省乡村旅游商品和乡村人文活动与民俗活动类资源占文旅资源总量的40.4%，与乡村自然旅游资源形成了完美的组合，乡村民俗文化类人文旅游资源突出，地域差异明显，乡村民俗类资源共707个，占人文旅游资源总数的40.2%，这表明陕西省乡土民俗文化内容丰富，数量众多。另外，民俗文化资源具有明显的地域分异性：陕北黄土民俗风情、关中平原民俗风情、陕南江南意趣民俗风情。陕西省西安市鄠邑区地处关中平原腹地，南依世界地质公园秦岭，北至渭河，适于农耕的自

迎祭城隍中的狮舞

然条件和京畿之地的地缘优势，构建了迎祭城隍这一民俗活动独特的地理和人文环境，使这一与民众切身利益息息相关的城隍信仰在这片土地上繁衍生息。而城隍信仰在中华大地上又具有深厚的信仰基壤，遍及神州的城隍庙，就是这一信仰体系的物质载体和表现形式，深刻体现着城隍信仰为百姓的普遍崇奉性，及其在民众生活中的非凡作用，这为迎祭城隍民俗活动文旅创意孕育了巨大的受众群体。起源于明末的陕西户县北乡迎祭城隍民俗活动，历经发展演变，现今最为隆重的迎祭城隍仪式，可分为出发仪式、行进排列、交接祭祀礼仪、陪护城隍、入烟、贺寿、庙会等几部分，并包含丰富多彩的迎神民俗表演，从中孕育着将文化资源优势转变为经济优势的方式和方法。

第一节　体验性参与民俗表演

民俗深厚的文化底蕴正是文旅创意的基础和灵感源泉，例如湖南省，分布有50多个少数民族，土家、苗、侗、瑶等少数民族人口居多，它们大部分分布在湘西、湘南等偏远山区，有着丰富多样的传统习俗和民族风情。例如，侗族的"行年"、土家族的"赶过年"、苗族的"四月八"

和"赶秋"、瑶族的"盘古王节"以及苗族、侗族的婚嫁习俗，仍保持着古朴的特点。湖南省根据这一特点，积极发展旅游业，开展民族节庆活动及"住农家屋、吃农家饭、干农家活、享农家乐"等项目，开发度假、修学、观光、体验、生态等旅游活动。这种开发为当地居民带来了丰厚的旅游收益，也为湖南省经济总量的提升作出了很大的贡献。在这个过程中，游客自身获得了极高的文化体验，他们带来的南来北往的趣闻在信息流通中促进了乡村精神文明的进一步发展。

迎祭城隍民俗活动作为鄠邑区多元性、多层次性的民俗项目代表，具有能够适合不同年龄阶段和文化需求的人体验完整性文化生态环境的条件，从而使得体验性构成这一项目文旅创意的核心，这种体验既可以实现将城隍文化博大精深的内涵传播和弘扬的巨大作用，同时也可让参与者能够在精神上受到洗礼，道德上受到教化。这种体验首先可以是一种观看，随着乡民生活水平和知识结构的不断提升，各迎祭村庄投入人力、物力和财力都呈上升趋势，很多村庄都因为迎祭城隍，对之前的村庙进行了维缮翻修，迎祭前还对经过的村庄街道景观通过挂灯笼、彩旗和标语等方式进行美化，各个民俗表演训练队伍的训练更为精严，故能够在迎神当日为观众展开别开生面的民俗盛宴。这使得对于施众，也就是表演者来说，他们以一种生动的表演形式传播和传承了乡村民俗文化；对于受众，即观众来说，他们在观看中也潜移默化地接受了传统民俗文化的洗礼，这种艺术样式增强了互动性、形象性。当然观看还属于一种浅层次的民俗体验，仅仅通过视觉和听觉建构起对民俗活动的多维立体性的画面感，还不足以让受众更为深入、全面地了解民俗文化，这就需要设计出可以让受众参与的深入性民俗体验。

经过对迎祭城隍民俗活动长时间的田野调研，可以看到很多民俗表演因为相对难度不大，普通人经过较短时间的培训就可以参与进来，从而通过体验生成整体性的文化感知场域，并在感知中培养出对传统文化的热爱。现以儿童参与的民俗表演项目"跑竹马"和"社火"为例，这两项民俗表演是专门为孩童设计的，对于孩童的身高体重都有相对要求，一位专门负责组织排练的乡民就说："竹马最适合从五六岁到十二三岁的小孩，这个阶段的小孩子你在训练的时候，说啥基本都明白，而且竹马不难，仔细听哨子、看旗语很快就能掌握，然后就是教孩子们注意左右，保持队形就好，小娃嘛，朝气活泼，就好看。社火，那就更对小娃的身高重量要求严格了，这个主要考验大人的技术呢。我们村是芯子社火，要把娃固定好，村里差不多五六岁这样的小娃，都想着让娃上次社火，给娃求平安图吉利，这个提前给娃说好了，不需要训练啥，太大的娃一般都是在下面站着，就不能绑上去了。"①而且孩童通过体验也获得了自己很独特的感受，比如，曾询问过在社火中扮演包公的一位小男孩，"你知道你装扮的是什么角色吗？""知道，是包公。""你了解包公吗？""我妈给我讲了，是清官，非常好的官。""为啥选择扮演包公呢？""我长大了想当警察，抓坏人，像包公一样。""社火扮演包公啥感受？""觉得很威风，我在上面拿着令牌，下面陈世美就要被拉出去砍头了。（此处笑起来）"②通过这个谈话可以看到，孩童在参与社火表演的同时，不但使自己的兴趣得以发展，还建立了道德评判的标准，这将对他日后"三观"的形成、人格的完善起到良好的引导作用。这样的民俗表演因为简单易行，就具有设计为交互体验性参与的可能。以社火为例，可以在确保安全措施的基础上，让有兴趣的孩童自愿加入进来，不再局限于村庄内部，还可以让那些特别有兴趣体验该民俗的不同区域的孩童根据兴趣选择自己想扮演的社火角色。这样的民俗表演体验对于孩童来说，新鲜活泼、简单易行，同时，既可以了解中华民族悠久的历史文化，又可以在亲身体验

---

① 访谈人：LNM；访谈时间：2017 年 8 月 2 日；访谈地点：西安市鄠邑区 H村 LNM 家中。
② 访谈人：随机访谈扮社火的儿童；访谈时间：2017 年 2 月 10 日；访谈地点：西安市鄠邑区人民路。

中培养对民间文化的喜爱之情。

迎祭城隍民俗活动的组织者们在近些年来不断提高这一大型民俗活动的层次、丰富民俗文化的表现形式，民俗表演所占的比重一直在增加。有的恭送、恭迎的两村庄距离不远，恭迎的队伍其头已经进入恭送的村庄，而其尾还未出恭迎村庄，可见民俗表演之隆重。在连续3年迎祭城隍的田野调研中，与前来观看的游客攀谈，发现本区域居民居多，其中多次与西安来观看迎祭城隍民俗活动的游客交流，以一次访谈为例。这是一家3口，父母年龄在40出头，孩子上小学六年级，当问及一家人为什么来观看迎祭城隍民俗活动时，母亲回答道："我娘家在这附近，我上初中、高中也来看过接爷，大概有二十几年没看过了，现在的娃对于民俗了解得很少，就想着带他来看看，希望看接爷能够让他对传统文化有更形象的了解。"问及孩子对观看的感受和对什么感兴趣，是否愿意参与的时候，他说道："很热闹，第一次看到，我对那个骑马很感兴趣，高头大马的，走在前面，威风极了，要是能骑马，我挺愿意。"[①] 可见，游客具有观赏表演、参与表演的精神文

---

① 访谈人：随机访谈观看社火的民众；访谈时间：2017 年 2 月 10 日；访谈地点：西安市鄠邑区人民路。

迎祭城隍中的竹马表演

迎祭城隍中的马社火

化需求。如果对迎祭城隍民俗活动进行合理的设计，随着参与人数的增多，一定时间内的经济效益也会随之提升，乡民可以利用收益进行再投资、再创新，让民俗表演更加具有活力，这种良性循环对当地百姓、当地政府和游客来说都是大有裨益的。开发民俗表演资源、创新民俗表演形式，是民俗旅游的一个重要组成部分，将成为带动地区发展的重要方法。

第二节 文创产品设计与销售

"文创"是文化创意产业的简称，是一种在经济全球化背景下产生的以创造力为核心的新兴产业。"文创产品"被称为"带得走的文化"，大多脱胎于传统产品，但是区别于传统产品对功能性需求的满足，融入了对文化元素的提炼，既满足了功能需求又满足了审美需求。

中国文创产业起步较晚，作为文创产业的主要载体，文创产品的发展远落后于行业的整体发展，以文创产品设计为例，它的现状呈现出三种状态：(1)仅仅是知识产权的搬运工；(2)同质化现象严重；(3)滥用中式传统符号，误导消费者。文化讲求创新，"踩着别人脚步走路的人，永远不会留下自己的脚印"，倘若原封不动地把日历、折扇搬到市场，即便有人青睐，恐怕也很难引领一时风骚，而散发传统文化气息的故宫日历、印有"个性话语"的折扇、以"御花园彩石甬路"为主题的五彩耳钉等却可以吸引人们的目光。故宫博物院是文创发展中的典范。文创产品拉近了故宫文化与民众的距离，让看起来高高在上的博物院文化走进了人们的生活。故宫推出了480种手机壳，有"正大光明"的充电器，还有为儿童研发的拼装玩具、故宫箱包、朝珠耳机……经过研发，到2017

年年底，故宫文创产品突破了1万种，销售额早已突破10亿元，这给故宫带来了丰厚的收益。故宫又将大量的营销收入投入到教育活动和其他方面的建设中，这也为其赢得了人气，使得故宫能够进一步发展。

故宫文创之所以能够有如此蓬勃的发展，与文创团队的付出息息相关。故宫文创有不同专类的团队，每个月都会有几十、上百种文创产品，经过市场检验，然后淘汰。它们会与知名设计师合作，这都有利于保证文创产品的质量。这一流程实质上体现了文创供应链。深圳国际礼品展的论坛上，"文创供应链"的概念首次被提出，其中包括文化端、创意端、生产端、渠道端、销售端五个端。"文化端"是各大博物馆、景区等文化体，"创意端"是像"本艺文创"一类的文化创意团队，"创意端"将文化资源转化为文创版权内容，经由"生产端"的供应支持以及"品牌联合"实现批量生产，之后进入"渠道端"——线下"泛文旅"各类新兴的消费场景结合线上，以及由消费者组成的"消费端"。在物质产品日益丰富的当下，很多人的消费不断升级，需求从"一次元"已经迈向"二次元""三次元"、更加注重社交、尊重和自我实现需求。这就需要文创礼品更加时尚和现代，其中不仅需要有传统民俗的文化因子，更加需要有创意。像荷兰的民俗礼品木鞋，造型可爱，整个样子像一艘小船，不但可以穿，还可以做花瓶。再如，故宫最近在网上推出的《韩熙载夜宴图》，不但能够把书画立起来，还能听到当年的琴声、欣赏到当年的舞姿。

鄠邑区北乡迎祭城隍民俗活动作为代表性的民俗文化资源，可以作为"文化端"的一种形式进入文创供应链。其既可以对接优质的创意团队，也可以结合本土的创意人才，将民俗文化融入物质产品中去，有选择地生产市场接受的优质文创产品。同时，作为销售，随着科技的不断发展，越来越考虑将互联网与各项产业相融合，即"互联网＋"。文创产品的渠道端应做好线上线下联动，淘宝以及微商等如今成为销售市场上的黑马，民俗文化产品可以借助这些平台来拓宽销售渠道。这同时也给鄠邑区提供了新的就业机遇，普通民众学习互联网技术或直接引进互联网人才，通过进行思想以及技术上的创新来解决如今民俗文化和旅游中存在的瓶颈问题。

鄠邑区迎祭城隍民俗活动为文创的发展提供了肥沃的土壤，为其产品提供了丰富的素材来源。在迎祭过程中，有锣鼓队、秧歌队等不同的行进行列，其中的服饰明显具有模式化倾向，并没有突出鄠邑区的服饰文化特色，更没有显示出不同村庄的文化特质，这些文化元素的发掘和整理也就意味着会有不同的文创素材。报马开道中的枣红马革鞍金镫、头缨项铃非常独特，因此可以以其为原型制作成玩偶；旌旗仪仗中有八卦旗、龙凤旗、七色彩旗、

什王村迎城隍彩亭

大小彩旗、三角旗、长方旗，这些旗帜可做成缩小版的文创产品，供游客在观看时挥举使用；锣鼓方阵中的龙凤锣架、钩锣、大锣、小锣、铙钹都可制作缩小版，供游客旅游纪念。迎祭城隍民俗活动的文化元素是丰富多元的，制作出的文创产品定将类型丰富而极具民俗特色。

民俗文化是绚丽多彩的，同时，富有浓厚的地域性文化特征，为设计元素的挖掘和提取赋予了潜力和基础。提取城隍民俗文化元素进行抽象转化设计，让北乡地区的地域特色能够结合产品传播出去。通过产品的散播与流动性，不但能间接推广这一地区深厚的乡土文化，传承鄠邑区的历史渊源与民俗特色，也可以借由文创产品引发更多的互动感受，让更多人认知和喜爱迎祭城隍民俗活动。

第三节　迎祭城隍民俗活动整体文化环境的塑造

　　首先，鄠邑北乡迎祭城隍民俗活动蕴含着丰富的历史文化，中国自古就十分重视仪礼，其中包括对祭祀的重视。"祭祀"是指祭神、祭祖，根据宗教或者社会习俗要求进行的有象征意义的一系列行动或仪式。在上编我们讲到城隍神演变的过程——从神格上如何从抽象的自然神，逐渐发展为"在世为正人，死后为城隍"有名有姓的人格神，城隍神表达着百姓对正直人物德行修养的崇拜和敬

大城隍社梧桐村迎神彩龙

慕之情，他们生前曾护佑一方土地，造福一方百姓，这使得人民希望在他们死后化为神灵继续爱民护土，这构成了城隍文化源远流长的精神动因。鄠邑区北乡迎祭城隍民俗活动，既有对这种城隍文化自觉的继承和发扬，更为重要的是形成了具有地方特色的乡村迎祭城隍民俗：围绕3位城隍神形成了3个城隍迎祭圈，关涉村庄50余个，其中很多村庄都拥有高度的村庄文明，在区域内形成了鲜明的文化特色。3个迎祭圈几乎囊括了整个鄠邑区北乡，涵盖迎祭仪式、民俗表演、庙会等多元化的丰富民俗元素，乡民在迎祭城隍民俗活动中进行祈福纳祥、走亲访友、文娱享乐等情感交流和文化创造，因此，对之进行深刻的挖掘和整理方能够显示出这项国家级非物质文化遗产项目的重要历史价值和意义：既能够在区域内让乡民感受到这一民俗文化的深厚底蕴，更能在广大的区域内实现更好的传播，产生更大的影响。

其次，鄠邑北乡迎祭城隍民俗活动是当下乡村大型节庆民俗的典范，代表着乡村文化发展的时代特色。在田野调研中不断听闻乡民参与迎祭城隍民俗活动的感人事迹，既有热心捐款、费心组织的乡村精英，也有冒着低温严寒不懈训练的乡民，他们既彰显着鄠邑乡民的文化承继和创造的极大热情，又蕴含着乡民道德的提升、合作的形成、组织的建构，不断涌现出系列楷模性的代表人物。

对之进行宣传报道、给予表彰鼓励，既能够展现当代乡民饱满昂扬的精神风貌，更能够吸引更多乡民进行学习和效仿。除此之外，我们更看到在乡村文化的自组织过程中，乡民孕育和完善着合作的制度，这种制度性的建构是在乡民不断地组织、协商、实践中凝结的，它更符合乡民伦理观念和生活习惯，从而具有有效的指导性和实用性，必然会对乡村其他公共事务的处理具有良好的借鉴和启示作用，有助于实现乡村的善治。

再次，鄠邑北乡迎祭城隍民俗活动最为隆重的是正月迎祭，3个城隍社的迎祭均在正月十五前，并和当地的春节民俗紧密相连，可将之融为一体，将鄠邑春节民俗和迎祭城隍民俗活动相互嵌入，综合考虑乡村旅游资源要素的配置，对该人文旅游资源全方位开发、多资源优势互补。我们不仅要重视迎祭活动中的祭祀仪式，还要与其他资源结合，起到两者或多者间的带动作用。因此，可以增强与旅游资源之间的联系，使游客进行链条式观赏、游玩。将春节民俗与迎祭城隍相互结合，既有亮点性的民俗活动，又可以到乡民家共享年节的欢愉，体验关中乡村的人居环境、生活习俗。

从历史底蕴、时代特色、多元年节文化等多种维度去打开鄠邑北乡迎祭城隍民俗活动的意蕴、风采和价值，使这一民俗既舒展出它悠长的生长线索，又显示出它宏大的时代气象。要维护和改善这一民俗的整体文化生态环境，借助大众传媒尤其是新媒体将之进行打造和弘扬，彰显鄠邑深厚的文化底蕴；通过系统的挖掘、整合、设计、规划和实践，为乡村振兴提供文化建设的模型。这其中也要求当地有关部门对民宿客栈、饮食购物、参与项目等提供强有力的监管，为游客提供优质服务。

乡村旅游的心理实质是对特定地域的向往，是对与自己的往昔存在必然关联的地域文化一种特殊情感，乡村旅游开发成败关键在于是否和生态旅游、文化旅游相结合。陕西乡村旅游资源丰富，文化内涵深厚，应该走"乡村－生态－文化"模式。迎祭城隍民俗活动不再是单一的，而是与其他优质文化相互连接、相互结合的。

后记

为了写后记我绸缪了很久，一直不知道怎么吐出自己这四年的田野道路。一个从大学就一直在文学院读书的人，如何走向了乡村，并由此走进了广阔的历史时空。小时候待我很好的一位邻居奶奶被病魔带走了，离别的伤感使我对爷爷说我要做一个医生，救死扶伤，不再让人生病。爷爷说：无论你以后做什么职业，只要能让这个社会变得更美好，这就是一个好职业，你就是一个有意义的人。这颗为了让社会变得更美好，争取做一个有意义人的种子就在我的内心生根发芽了，而乡村给了这颗种子丰富的土壤和养料，让它慢慢地开枝散叶。

在这里我要深深感谢西安市鄠邑区文化馆，初到乡村的我在这里得到了多位领导、工作人员的大力帮助，他们不但为我做田野调查提供信息、帮忙联络，甚至还用自己的车接送过我。非常幸运，我能以课题组的方式参与国家级非物质文化遗产项目鄠邑区北乡迎祭城隍民俗项目的抢救和保护工作，这本书正是我在鄠邑区文化馆的支持和帮助下，为国家级非物质文化遗产项目——鄠邑区北乡迎祭城隍民俗活动抢救和保护工作而写的。其中我深深感谢文化馆非物质文化遗产保护中心的副主任刘珂老师，他也是这本书主体图片的拍摄者，刘珂老师作为一线的文化馆工作人员，对鄠邑区的非遗项目十多年如一日地发掘、整理、抢救和申报，无数次阅读刘老师所写的非遗项目申报书和自己独立制作的申报视频，我都能深深感受到他对非遗保护工作高度的责任心和使命感。

四年田野调查，不但完成了我学术生命的一个重要转型；更为重要的是，塑造培养了我更完善和积极的"三观"。从记事起，我的大部分时间都是在学校度过的，不是做学生就是做老师，虽然阅读可以使我通晓古今，但文字的力量更需要现实的支撑，古人说得好：读万卷书，行万里路。真知要从实践中来，而田野正帮助我一步步完成生命的实践。这也促使我更深入地领悟着异彩纷呈的古代文学世界，比如杜甫感人肺腑的"三吏三别"，《三国演义》中对"明君贤臣"的热情颂扬，《水浒传》中英豪们患难与共的手足情深，关汉卿《感天动地窦娥冤》中深刻的"民间本位"情怀，田野调查构筑着我的科研领域，也推动了我的教学工作，而这些都来源于鄠邑乡民所给予我的生动丰富的人生体验，他们无私帮助我，留我吃饭，在村子和县城之间接送我，帮我联系访谈人，等等。因为太多乡民热情无私地帮助过我，这里就不一一写出他们的名字，他们所给予我的是生命中至尊至贵的珍宝，永生铭记。在这里还要一并感谢：西安市鄠邑区农民画作者李周成和朱丹红为本书提供了农民画配图，民间泥塑艺人袁欣为本书特塑城隍夫妇的泥塑两尊，高文信提供了多张生动的迎祭城隍民俗活动的照片，这些都为本书增色颇多。

今年我已经度过了人生中的十个四年，但是这四年对于我来说，有着涅槃一样的感受，让我的生命中开出了灿烂的鲜花，我会更加努力，让这花儿结出果实，让生命之树根更深，叶更茂。

王 昊

2019年5月30日